rororo

13. August, 10:00 Uhr

Im Nachbarshof steht das größte Katzenklo der Welt!

10:05 Uhr

Oh nein, du meinst doch nicht etwa den Sandkasten?!?

10:08 Uhr

DAS GRÖSSTE KATZENKLO DER WELT!

Katja Berlin hat Medienberatung und Politikwissenschaft studiert. Nach ein paar Jahren als PR-Referentin und Onlineredakteurin bei Verbänden und einem Bundesministerium ist sie nun selbständige Texterin, Witzeerzählerin und Kommunikationsberaterin, außerdem Twitterin, Bloggerin, Autorin und völlig unambitionierte Tierknipserin. Sie lebt abwechselnd in Berlin und im Internet.

Katja Berlin

Cat Content

SMS von meinem Kater

Rowohlt Taschenbuch Verlag

Originalausgabe
Veröffentlicht im Rowohlt Taschenbuch Verlag,
Reinbek bei Hamburg, April 2013

Umschlaggestaltung ZERO Werbeagentur, München
(Illustration: FinePic, München)
Satz Meta PostScript, InDesign,
bei Dörlemann Satz, Lemförde
Druck und Bindung CPI – Clausen & Bosse, Leck
Printed in Germany
ISBN 978 3 499 60452 2

Vorwort

Im Nachhinein kann ich gar nicht mehr genau sagen, wie ich dazu kam, dem Kater die SMS-Funktion an meinem Handy zu erklären. Eventuell spielten dabei Langeweile, Übermut und zwei, drei Wodka Tonics eine nicht ganz unwesentliche Rolle, ganz bestimmt jedoch waren mir die Konsequenzen nicht bewusst.

Wer jemals einer Katze verbieten wollte, im Bett zu schlafen, nachdem er es ihr ein einziges Mal erlaubt hat, kann sich den weiteren Verlauf dieser Geschichte ungefähr vorstellen.

Ein gutes Jahr nach diesem bedauerlichen Zwischenfall habe ich mich nun dazu entschieden, den SMS-Wechsel zu veröffentlichen. Mein Nachrichtenspeicher erklärt besser als alles andere, weshalb ich heute lieber zehn Büchsen der Pandora öffnen würde als dem Kater noch einmal mein Zweithandy zu überlassen.

Wer die SMS von meinem Kater gelesen hat, wird hoffentlich klüger sein als ich es war und die strikte Trennung von Katzen und Telefonen beherzigen.

Viel Erfolg dabei!

Katja Berlin

BLA BLA BLA BLA! Vorworte liest
eh niemand, also hör auf zu jammern,
ich habe Hunger. Kater

Nachricht... **Kater** Bearbeiten

3. Januar, 10:30 Uhr

HUUUUUUUUUUUUUUUUUUUNGER!

10:42 Uhr

Ich habe dir heute Morgen eine halbe Dose Katzenfutter gegeben, da wolltest du nicht.

10:45 Uhr

Ja, heute Morgen.

10:48 Uhr

Und?

10:50 Uhr

Das heißt, es liegt schon seit DREI STUNDEN im Napf.

10:55 Uhr

Und?

10:57 Uhr

WILLST DU MICH VERGIFTEN?!?

Senden

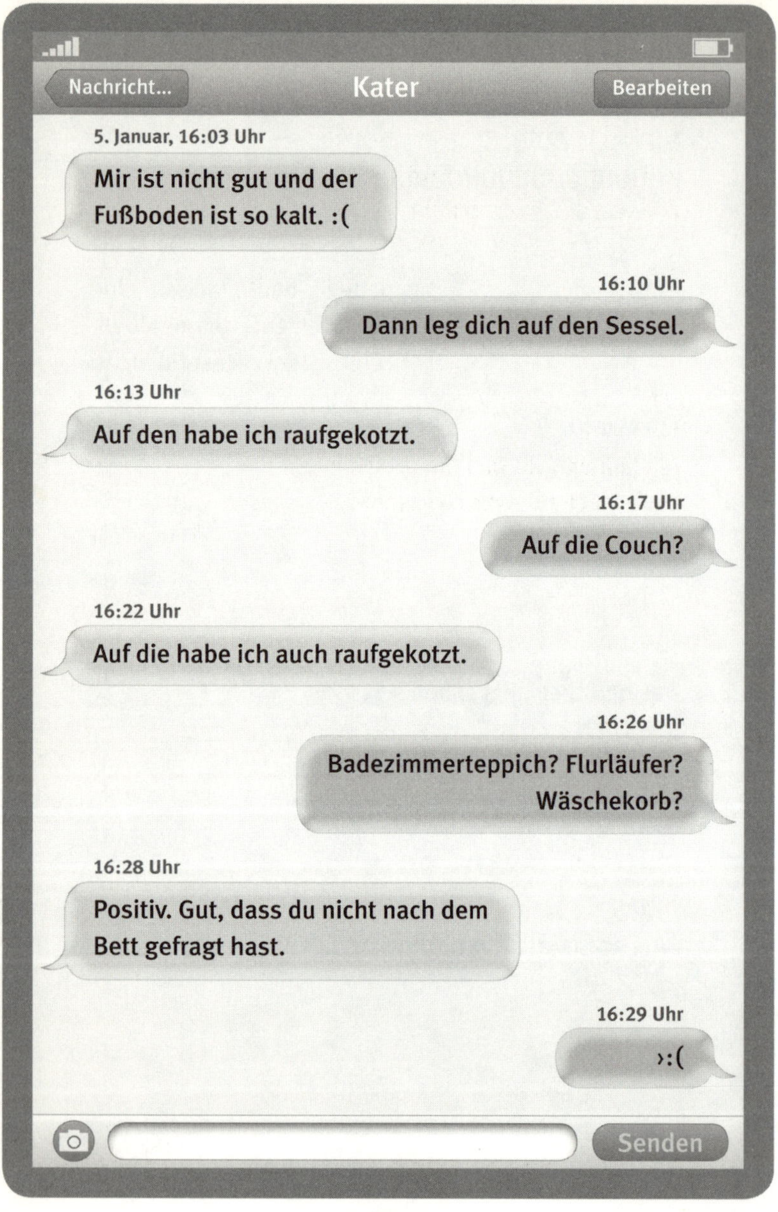
Nachricht...
Kater
Bearbeiten
5. Januar, 16:03 Uhr
Mir ist nicht gut und der Fußboden ist so kalt. :(
16:10 Uhr
Dann leg dich auf den Sessel.
16:13 Uhr
Auf den habe ich raufgekotzt.
16:17 Uhr
Auf die Couch?
16:22 Uhr
Auf die habe ich auch raufgekotzt.
16:26 Uhr
Badezimmerteppich? Flurläufer? Wäschekorb?
16:28 Uhr
Positiv. Gut, dass du nicht nach dem Bett gefragt hast.
16:29 Uhr
>:(
Senden

Nachricht... **Kater** Bearbeiten

6. Januar, 12:45 Uhr

Im Internet steht: «Langsames Blinzeln der Katze ist ein Zeichen der Zuneigung.» LOL! So ein Quatsch.

12:55 Uhr

Stimmt das nicht?

12:59 Uhr

Auf keinen Fall. Das heißt «Ich hasse dich. Mach mir was zu essen».

Senden

Nachricht... **Kater** Bearbeiten

8. Januar, 10:05 Uhr

Dein neuer Freund hat dich gar nicht verdient. Er geht nicht auf deine Bedürfnisse ein, macht dir nie Komplimente und in seinen Augen ist keine Liebe.

10:09 Uhr

Du hast etwas Besseres verdient, glaube mir.

10:15 Uhr

Das war nicht mein neuer Freund. Das war der Heizungsableser.

Senden

Nachricht... **Kater** Bearbeiten

10. Januar, 13:42 Uhr

Ich finde, du solltest deiner Mutter Enkel schenken.

13:46 Uhr

Was soll das denn?!? Du hasst kleine Kinder.

13:50 Uhr

Du sollst sie ja auch nicht mir schenken.

13:53 Uhr

Aber das wären MEINE Kinder, und sie würden bei mir wohnen.

13:55 Uhr

OK. Vergiss es.

Senden

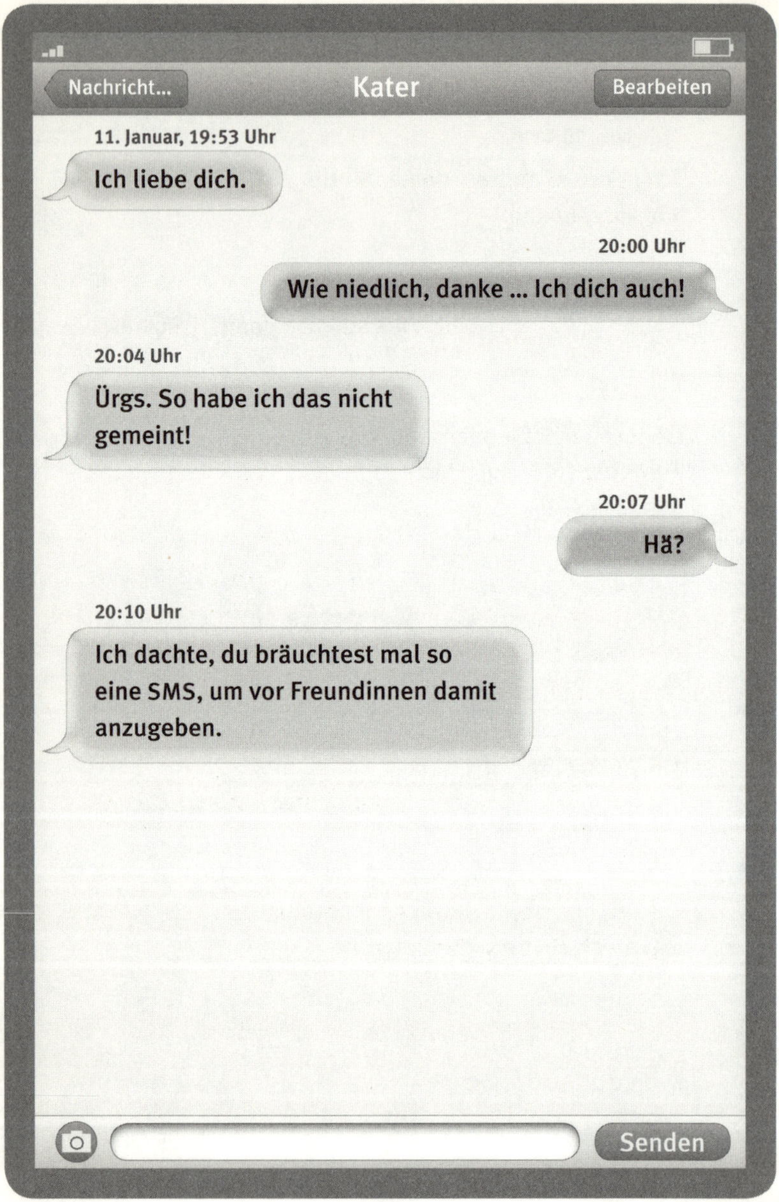

Nachricht...
Kater
Bearbeiten
11. Januar, 19:53 Uhr
Ich liebe dich.
20:00 Uhr
Wie niedlich, danke ... Ich dich auch!
20:04 Uhr
Ürgs. So habe ich das nicht gemeint!
20:07 Uhr
Hä?
20:10 Uhr
Ich dachte, du bräuchtest mal so eine SMS, um vor Freundinnen damit anzugeben.
Senden

Nachricht... **Kater** Bearbeiten

15. Januar, 12:07 Uhr

Kannst du nachher bitte Käse mitbringen?

12:43 Uhr

Aber du verträgst gar keinen Käse.

12:50 Uhr

Ist auch nicht für mich, sondern für Marty.

12:54 Uhr

Wer ist Marty?

12:56 Uhr

Mein Freund.

12:59 Uhr

Korrigiere: Was ist Marty?

13:03 Uhr

Er sagt, er sei eine Ratte. Aber dafür ist er eigentlich ein bisschen zu groß.

13:11 Uhr

:/

Senden

Nachricht... **Kater** Bearbeiten

15. Januar, 16:22 Uhr

Marty will gar nicht mehr weggehen.

16:28 Uhr

Kannst du ihn nicht einfach töten und aufessen?

16:30 Uhr

Auf gar keinen Fall!!!

16:33 Uhr

Wieso? Seid ihr so gute Freunde geworden?

16:37 Uhr

Nein, er ist viel zu groß, um ihn zu töten.

Senden

Nachricht… **Kater** Bearbeiten

17. Januar, 10:10 Uhr

Lecker! Ich war wieder bei der Fütterungsstelle. Ich liebe diese beiden Frauen, die alle Katzen der Umgebung füttern.

10:14 Uhr

Du sollst da nicht hingehen, das ist nur was für obdachlose Streuner, die sonst kein Futter bekommen.

10:18 Uhr

LOL! Das denken die. In Wahrheit gehen wir da alle immer hin und gucken hungrig. ZWEITES FRÜHSTÜCK!

Senden

Nachricht... Kater Bearbeiten

23. Januar, 11:22 Uhr

Euer Ziel bei Yoga ist es, wie Katzen zu sein, oder?

11:27 Uhr

Wie meinst du das?

11:30 Uhr

Naja, dass ihr euch auch am Hintern lecken könnt.

Senden

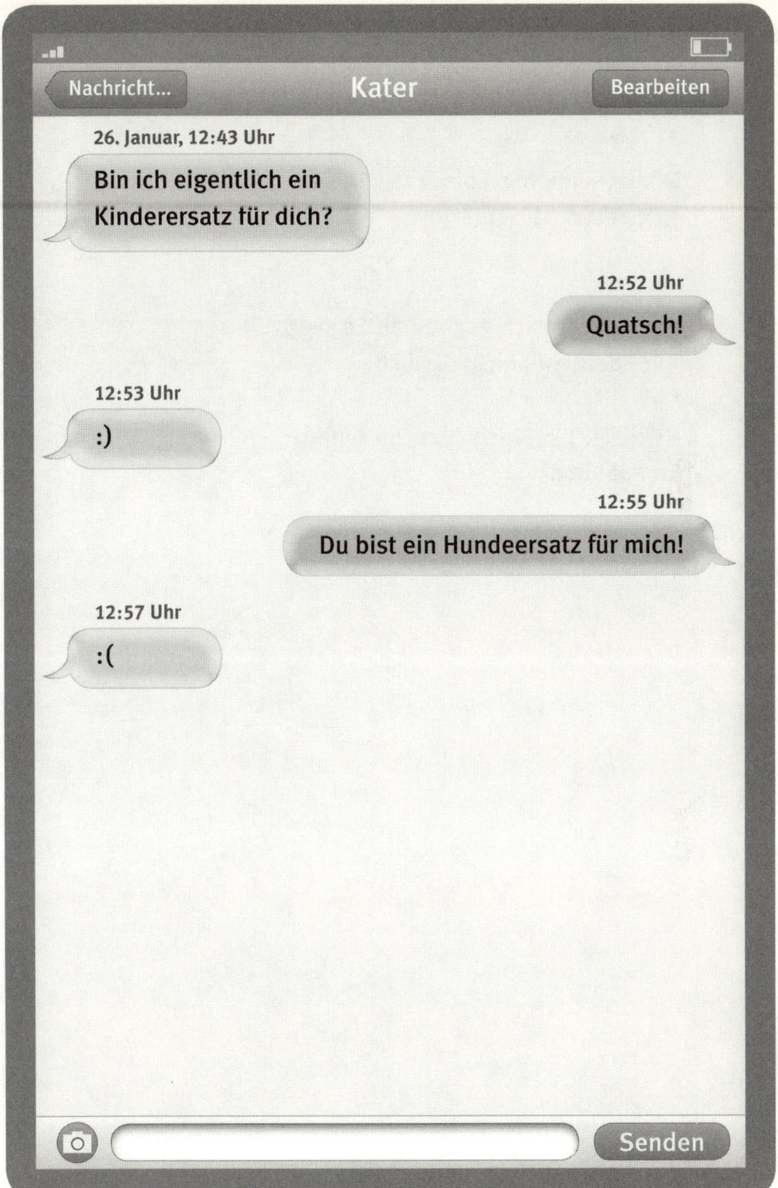
Nachricht...
Kater
Bearbeiten
26. Januar, 12:43 Uhr
Bin ich eigentlich ein Kinderersatz für dich?
12:52 Uhr
Quatsch!
12:53 Uhr
:)
12:55 Uhr
Du bist ein Hundeersatz für mich!
12:57 Uhr
:(
Senden

Nachricht...

Kater

Bearbeiten

27. Januar, 18:27 Uhr

Wieso nennt mich die Frau von gegenüber Muschi?

18:35 Uhr

Ich habe danach gegoogelt. Es sieht mir überhaupt nicht ähnlich.

18:41 Uhr

Es hat nicht mal Fell!

Senden

Nachricht... **Kater** Bearbeiten

29. Januar, 11:24 Uhr

MAAAUUU. Ich verhungere!! Bin schon ganz schwach auf den Beinen.

11:32 Uhr

Kann nicht sein, ich habe dir heute um 8 Uhr etwas gegeben. Das ist erst dreieinhalb Stunden her.

11:33 Uhr

Siehst du! Das sind in Katzenjahre umgerechnet fast zwei Tage!

Senden

Nachricht... **Kater** Bearbeiten

1. Februar, 14:17 Uhr

Ich werde Bundeskanzler.

14:31 Uhr

Haha, wohl eher Bundeskatzler!

14:35 Uhr

Vielleicht könntest du, während du weiterlachst, zweihunderttausend Stück von denen hier drucken lassen?

Senden

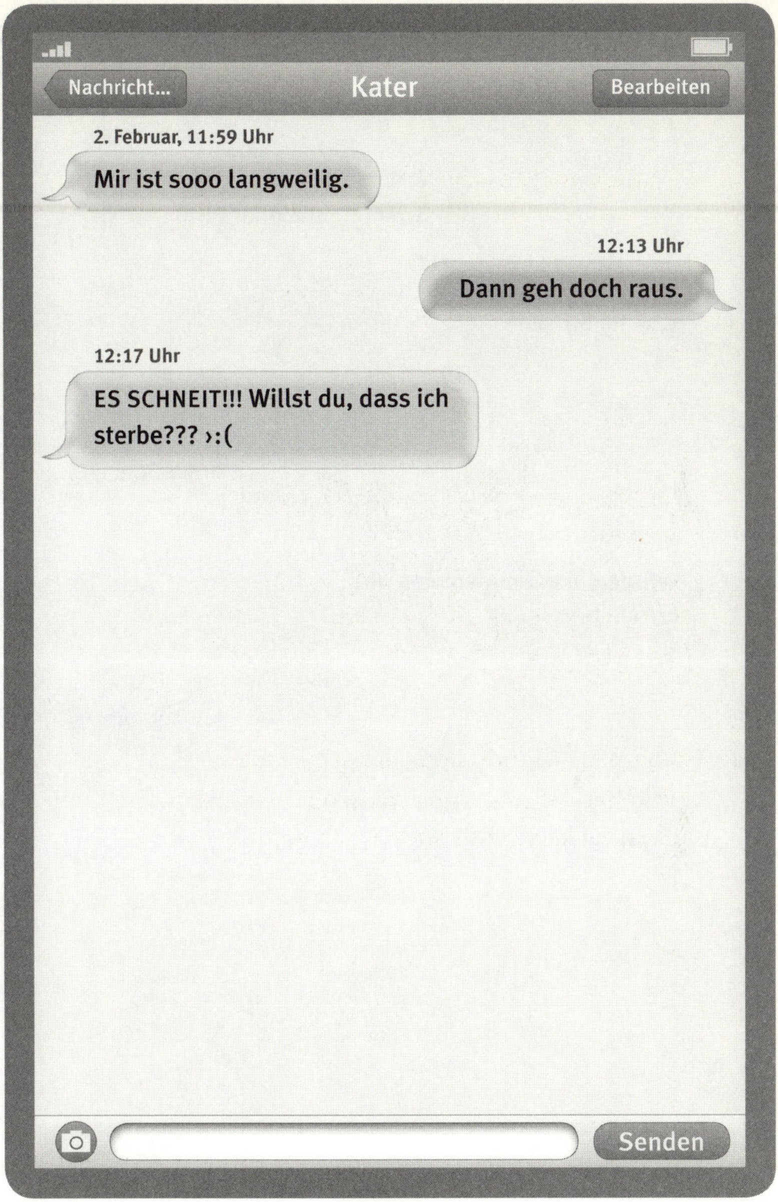
Nachricht...
Kater
Bearbeiten
2. Februar, 11:59 Uhr
Mir ist sooo langweilig.
12:13 Uhr
Dann geh doch raus.
12:17 Uhr
ES SCHNEIT!!! Willst du, dass ich sterbe??? ›:(
Senden

Nachricht… **Kater** Bearbeiten

3. Februar, 10:22 Uhr

Hättest du eigentlich gerne ein Schwesterchen oder Brüderchen?

10:31 Uhr

Was meinst du?

10:45 Uhr

Soll ich eine zweite Katze aufnehmen?

10:50 Uhr

Würde die mit mir spielen und kuscheln wollen?

10:52 Uhr

Klar.

10:59 Uhr

Dann auf keinen Fall!

Senden

Nachricht... | **Kater** | Bearbeiten

5. Februar, 20:43 Uhr

Ich habe mir was überlegt. Wenn wir Marty eine Hose anziehen, könnte er vor deinen Freundinnen so tun als sei er dein Freund.

20:46 Uhr

Du möchtest mich mit einer Ratte verkuppeln?!?

20:49 Uhr

Doch nur zum Schein. Was denkst du?

20:52 Uhr

Im Moment sehr intensiv ans Tierheim.

Senden

Nachricht... **Kater** Bearbeiten

8. Februar, 3:17 Uhr

Huhu! Ich komme gleich nach Hause und bringe jemanden mit. Bitte verschwinde sofort aus meinem Bett!

3:25 Uhr

Äääh, was genau meinst du mit ‹dein› Bett?

Senden

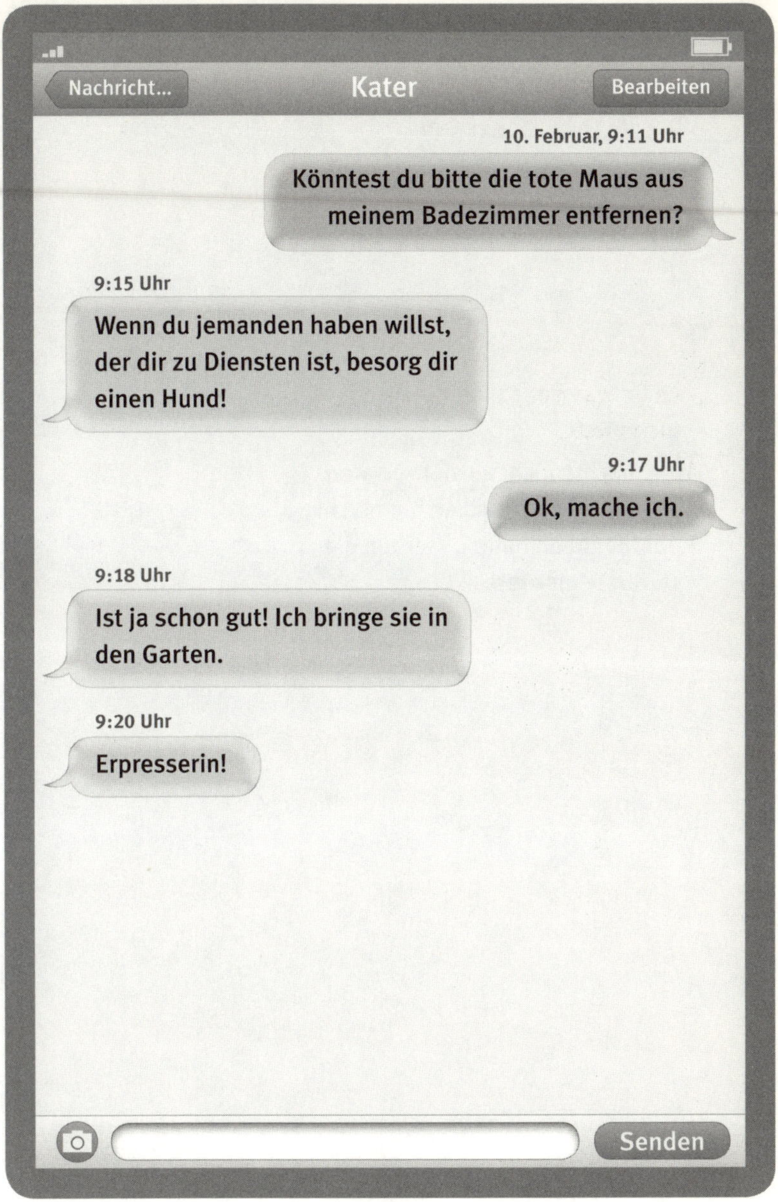
Nachricht...
Kater
Bearbeiten
10. Februar, 9:11 Uhr
Könntest du bitte die tote Maus aus meinem Badezimmer entfernen?
9:15 Uhr
Wenn du jemanden haben willst, der dir zu Diensten ist, besorg dir einen Hund!
9:17 Uhr
Ok, mache ich.
9:18 Uhr
Ist ja schon gut! Ich bringe sie in den Garten.
9:20 Uhr
Erpresserin!
Senden

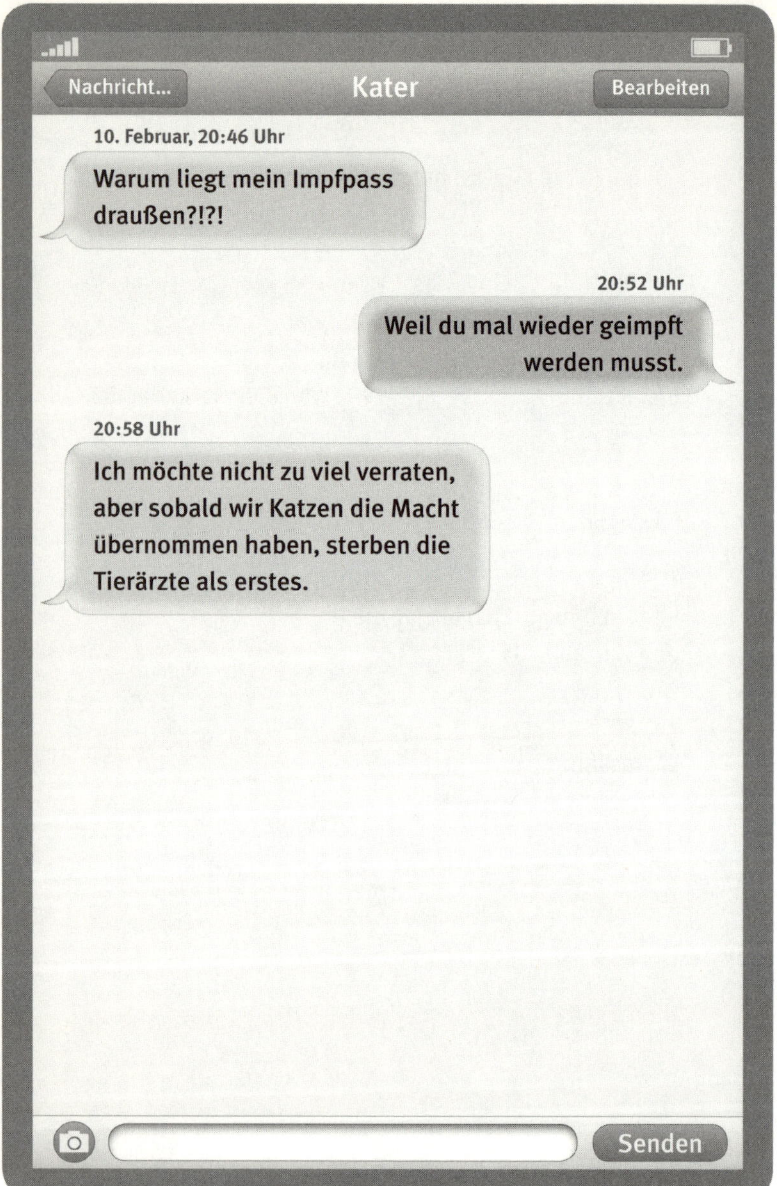
Nachricht...
Kater
Bearbeiten
10. Februar, 20:46 Uhr
Warum liegt mein Impfpass draußen?!?!
20:52 Uhr
Weil du mal wieder geimpft werden musst.
20:58 Uhr
Ich möchte nicht zu viel verraten, aber sobald wir Katzen die Macht übernommen haben, sterben die Tierärzte als erstes.
Senden

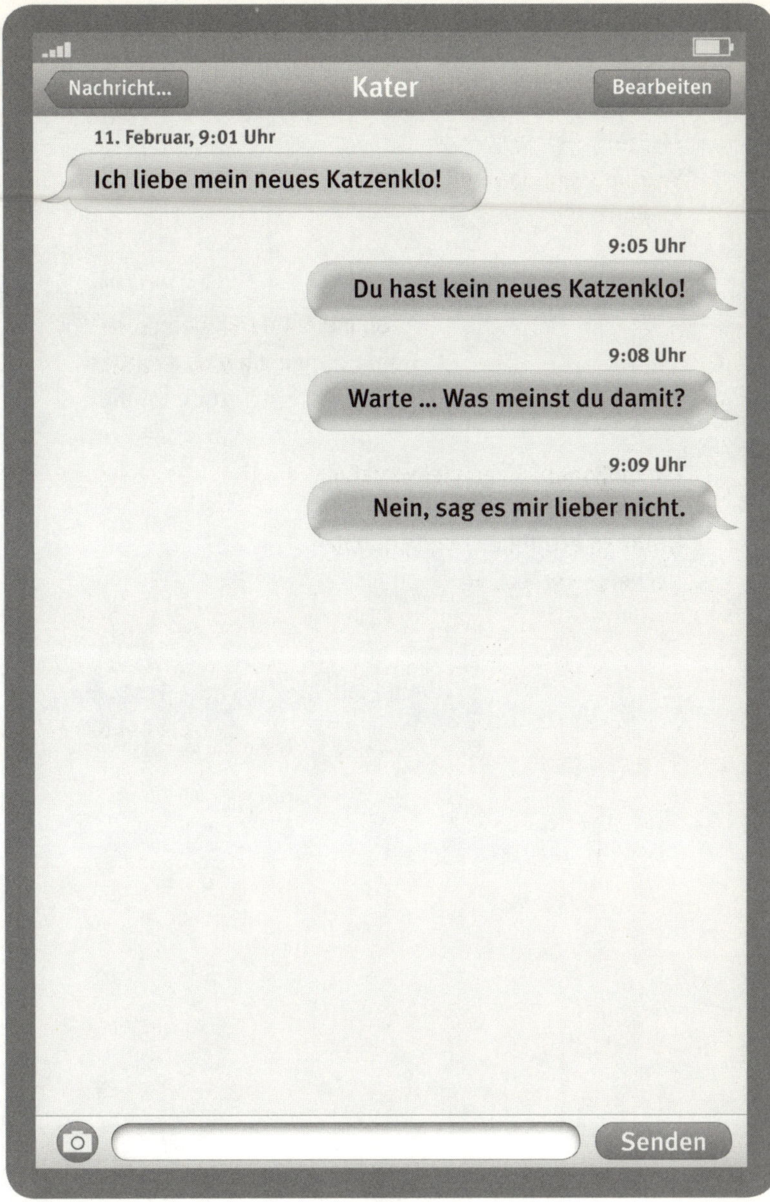
Nachricht...
Kater
Bearbeiten
11. Februar, 9:01 Uhr
Ich liebe mein neues Katzenklo!
9:05 Uhr
Du hast kein neues Katzenklo!
9:08 Uhr
Warte ... Was meinst du damit?
9:09 Uhr
Nein, sag es mir lieber nicht.
Senden

Nachricht… **Kater** Bearbeiten

12. Februar, 15:57 Uhr

Warum steht das Gefängnis im Flur?

16:13 Uhr

Du meinst den Katzenkorb? Damit bringe ich dich nachher zur Impfung.

16:16 Uhr

Kannst du mich nicht einfach im Brunnen ertränken, wenn du mich loswerden willst?

16:19 Uhr

Könnte ich. Aber ich habe keinen Brunnen.

Senden

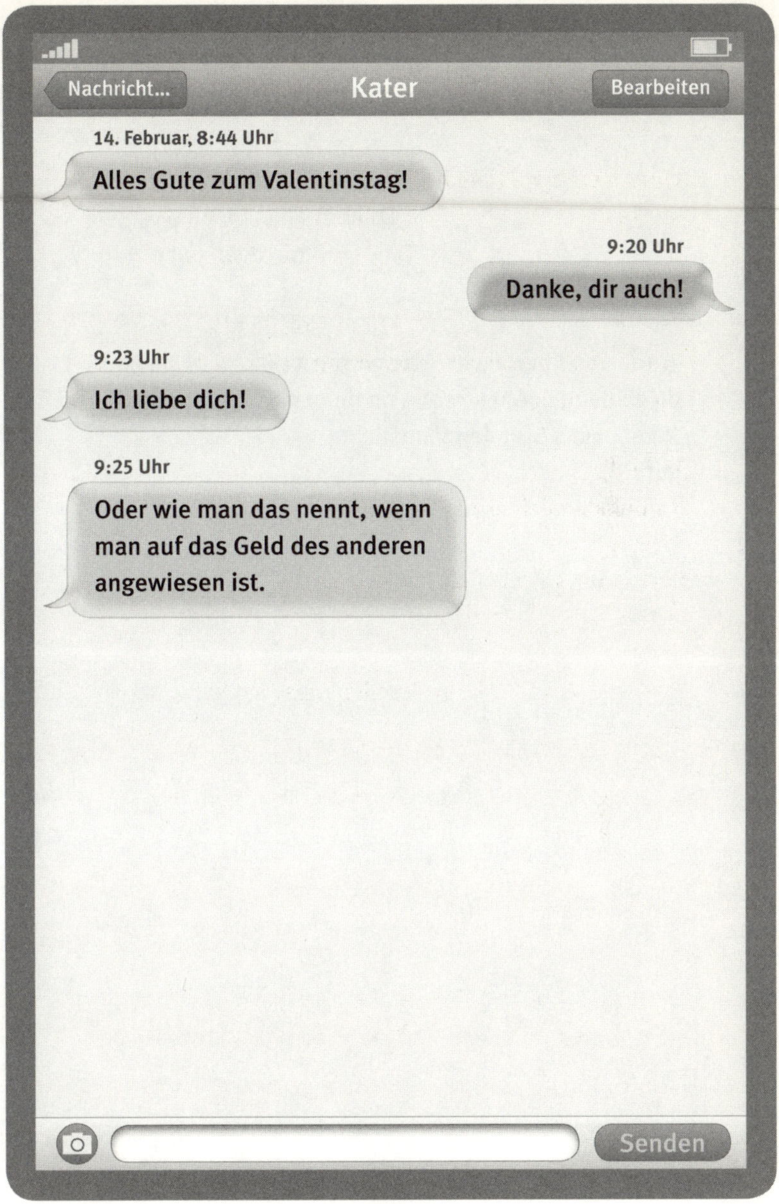
Nachricht...
Kater
Bearbeiten
14. Februar, 8:44 Uhr
Alles Gute zum Valentinstag!
9:20 Uhr
Danke, dir auch!
9:23 Uhr
Ich liebe dich!
9:25 Uhr
Oder wie man das nennt, wenn man auf das Geld des anderen angewiesen ist.
Senden

Nachricht… **Kater** Bearbeiten

16. Februar, 11:13 Uhr

Mich hat eben die Polizei angerufen. Es liegt eine Anzeige wegen Tierquälerei gegen mich vor!!!

11:18 Uhr

Warum so überrascht? Wie würdest du es denn nennen, wenn du deinen Kater sechs Stunden lang nicht gefüttert hast?

Senden

Nachricht... **Kater** Bearbeiten

16. Februar, 20:51 Uhr

UUII! ICHBIN DER kÖNIG der weLT! aLLes dreht sich und DIESE FARBEN!!!

21:01 Uhr

Lutsch nicht so viel am Catnip.

21:45 Uhr

HÖr Zu! Ich VerSTehe jetzt Die MusIK VON den BEATles. Ich haBe DEN CODE: LoVE steht für HÜHNERHERZEN!! Es ERGitb alles SInN!

Senden

Nachricht...

Kater

Bearbeiten

18. Februar, 10:36 Uhr

Wusstest du das? Im alten Ägypten gab es eine Katzengöttin.

11:13 Uhr

Aha. Na dann wundert es mich nicht, dass das alte Ägypten untergegangen ist.

Senden

Nachricht... **Kater** Bearbeiten

19. Februar, 9:57 Uhr

Ich probiere jetzt selbst Onlinedating. Wie ist das? «Gepflegter Er, bestes Alter, sucht Sie zum Herumliegen und zur gemeinsamen Fellpflege»?

10:20 Uhr

Ich weiß nicht ... Vielleicht solltest du noch dein Sternzeichen angeben.

Senden

Nachricht... Kater Bearbeiten

19. Februar, 14:26 Uhr

Man hat mich hereingelegt!

14:33 Uhr

Wer?

14:37 Uhr

Ich habe im Internet Meisenknödel bestellt und die schicken mir welche aus Körnern!

Senden

Nachricht... **Kater** Bearbeiten

19. Februar, 16:13 Uhr

Ich lese gerade etwas über Katzenallergie und lache mich tot.

16:16 Uhr

Was ist daran so lustig?

16:21 Uhr

Ich bitte dich! «Katzenallergie». Niedlich, was ihr an Umschreibungen für Angst kennt ...

Senden

Nachricht... **Kater** Bearbeiten

20. Februar, 12:32 Uhr

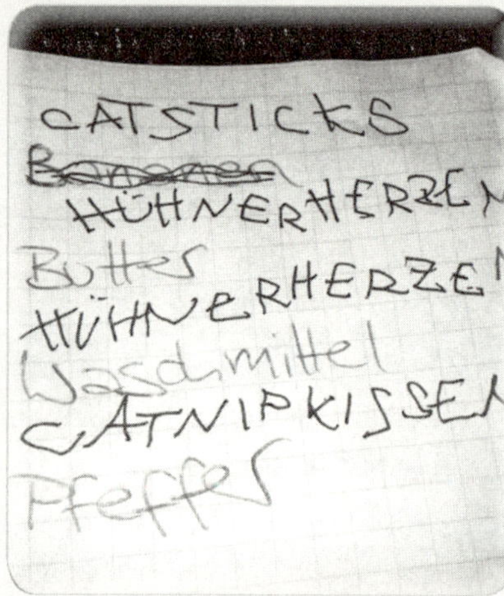

Musste das sein?

Senden

Nachricht... **Kater** Bearbeiten

22. Februar, 16:53 Uhr

Ich habe heute im Internet ein Aquarium bestellt. Nicht wundern, wenn das Paket kommt.

16:58 Uhr

Vergiss es!

17:05 Uhr

Was soll ich machen, wenn du mir keine Haustiere erlaubst?

17:07 Uhr

Ich sagte, vergiss es!

17:10 Uhr

Ok.

17:14 Uhr

Aber das Vogelhäuschen darf ich behalten?

17:15 Uhr

PFOTEN WEG VON MEINEM COMPUTER!

Senden

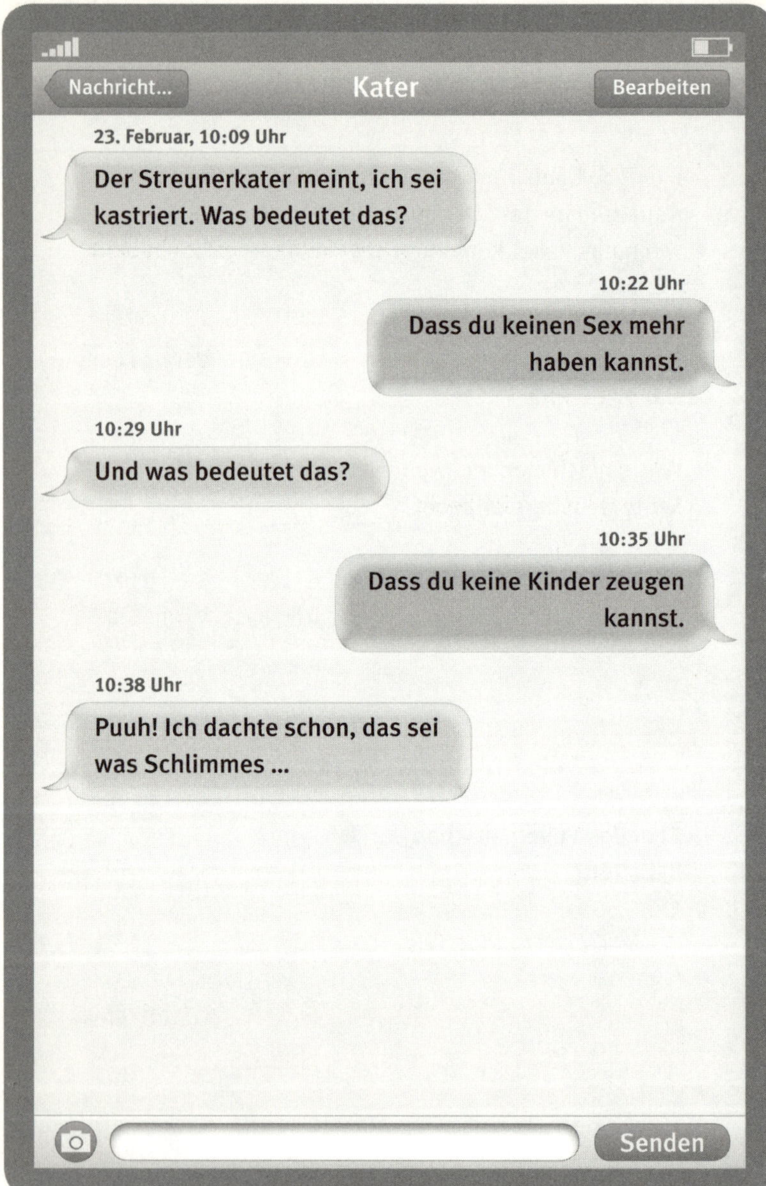
Nachricht...
Kater
Bearbeiten
23. Februar, 10:09 Uhr
Der Streunerkater meint, ich sei kastriert. Was bedeutet das?
10:22 Uhr
Dass du keinen Sex mehr haben kannst.
10:29 Uhr
Und was bedeutet das?
10:35 Uhr
Dass du keine Kinder zeugen kannst.
10:38 Uhr
Puuh! Ich dachte schon, das sei was Schlimmes ...
Senden

Nachricht... **Kater** Bearbeiten

26. Februar, 9:25 Uhr

Nachher kommt ein Handwerker wegen der Gastherme. Aber du brauchst keine Angst zu haben!

9:31 Uhr

Ich habe keine Angst vor Handwerkern!

9:36 Uhr

Unter dem Bett ist keine Gastherme, oder?

Senden

Nachricht... **Kater** Bearbeiten

26. Februar, 13:00 Uhr

Der Handwerker ruft dich vielleicht nochmal an.

13:05 Uhr

Wieso? Ist was passiert?

13:08 Uhr

Ich habe ihm deine Nummer mit Lippenstift an den Spiegel geschrieben.

13:10 Uhr

Was hast du bitte?!?

13:13 Uhr

Aber ihr trefft euch nicht hier zuhause, ok?

Senden

Nachricht… **Kater** Bearbeiten

26. Februar, 14:24 Uhr

Musste wegen Hunger in die Küche und habe den Handwerker doch noch kennengelernt.

14:35 Uhr

Und? Hat er dich wenigstens gebissen?

14:38 Uhr

Nein. Er war cool. Wir haben dann deine alten Fotoalben angeguckt.

14:39 Uhr

WAS?

14:44 Uhr

Du warst früher echt niedlich. Hätte man nicht gedacht, dass du später alleine mit einem Kater lebst und Handwerkern deine Nummer auf Badspiegeln hinterlässt.

Senden

Nachricht... **Kater** Bearbeiten

27. Februar, 21:33 Uhr

Ich mag das Kleid, das dir deine Mutter zum Geburtstag geschenkt hat.

21:43 Uhr

Oh Gott, wieso denn das?

21:47 Uhr

Wenn du das trägst, wirst du mit Sicherheit nie Kinder bekommen.

Senden

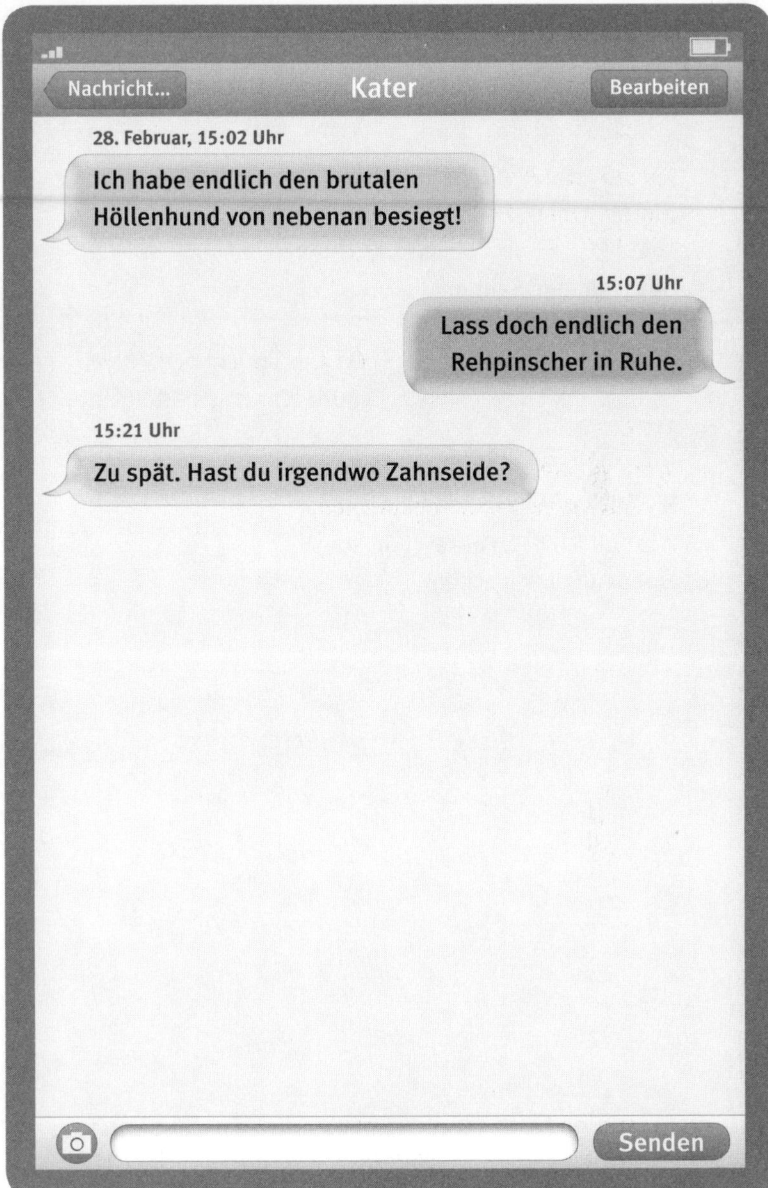
Nachricht...
Kater
Bearbeiten
28. Februar, 15:02 Uhr
Ich habe endlich den brutalen Höllenhund von nebenan besiegt!
15:07 Uhr
Lass doch endlich den Rehpinscher in Ruhe.
15:21 Uhr
Zu spät. Hast du irgendwo Zahnseide?
Senden

Nachricht... **Kater** Bearbeiten

1. März, 18:52 Uhr

Warum stinkt die Heizung im Bad so?

19:11 Uhr

Das ist meine Sauna.

19:15 Uhr

Korrigiere: Warum stinkt deine Sauna so?

19:17 Uhr

Wie soll ich denn bitteschön sonst einen Aufguss machen?

Senden

Nachricht... **Kater** Bearbeiten

3. März, 5:34 Uhr

Hast du meinen Wecker auf 5:30 h gestellt?

5:35 Uhr

Ja.

5:37 Uhr

Spinnst du?!? Wieso tust du das?

5:39 Uhr

Weil es mir morgens einen Haufen Arbeit abnimmt.

5:40 Uhr

Ich warte in der Küche. Gib mir jetzt Frühstück.

Senden

Nachricht... **Kater** Bearbeiten

3. März, 10:03 Uhr

Bin ich eigentlich adoptiert?

10:13 Uhr

Oh. Darüber müssen wir mal in Ruhe sprechen.

10:18 Uhr

Ach. Ich hab's mir schon gedacht, dass wir nicht blutsverwandt sind. Mein Fell ist so viel glänzender als deines.

Senden

Nachricht... **Kater** Bearbeiten

5. März, 14:23 Uhr

Ich habe eine Vision: 500 Nistkästen!

14:27 Uhr

Vergiss es.

14:29 Uhr

Hör mir doch bitte erst mal zu. Wir wären Selbstversorger!

Senden

Nachricht...
Kater
Bearbeiten
6. März, 19:56 Uhr
Hast du schon wieder am Kopierer rumgespielt?
20:00 Uhr
Nein.
20:02 Uhr
Ganz sicher?
20:06 Uhr
Ja.
20:10 Uhr
Und wie erklärst du dir das?
Senden

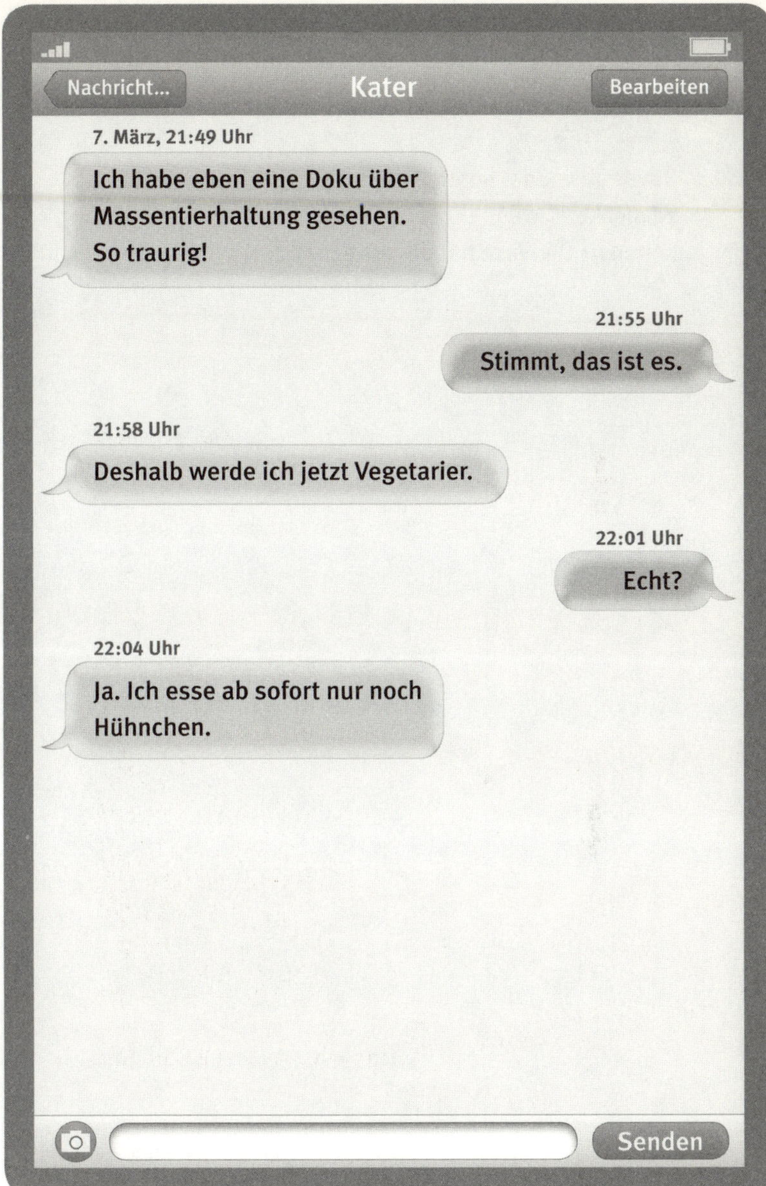
Nachricht...
Kater
Bearbeiten
7. März, 21:49 Uhr
Ich habe eben eine Doku über Massentierhaltung gesehen. So traurig!
21:55 Uhr
Stimmt, das ist es.
21:58 Uhr
Deshalb werde ich jetzt Vegetarier.
22:01 Uhr
Echt?
22:04 Uhr
Ja. Ich esse ab sofort nur noch Hühnchen.
Senden

Nachricht... **Kater** Bearbeiten

8. März, 11:58 Uhr

Bevor du wieder sofort anfängst zu meckern, wenn du nach Hause kommst: Die Vase hat angefangen!

Senden

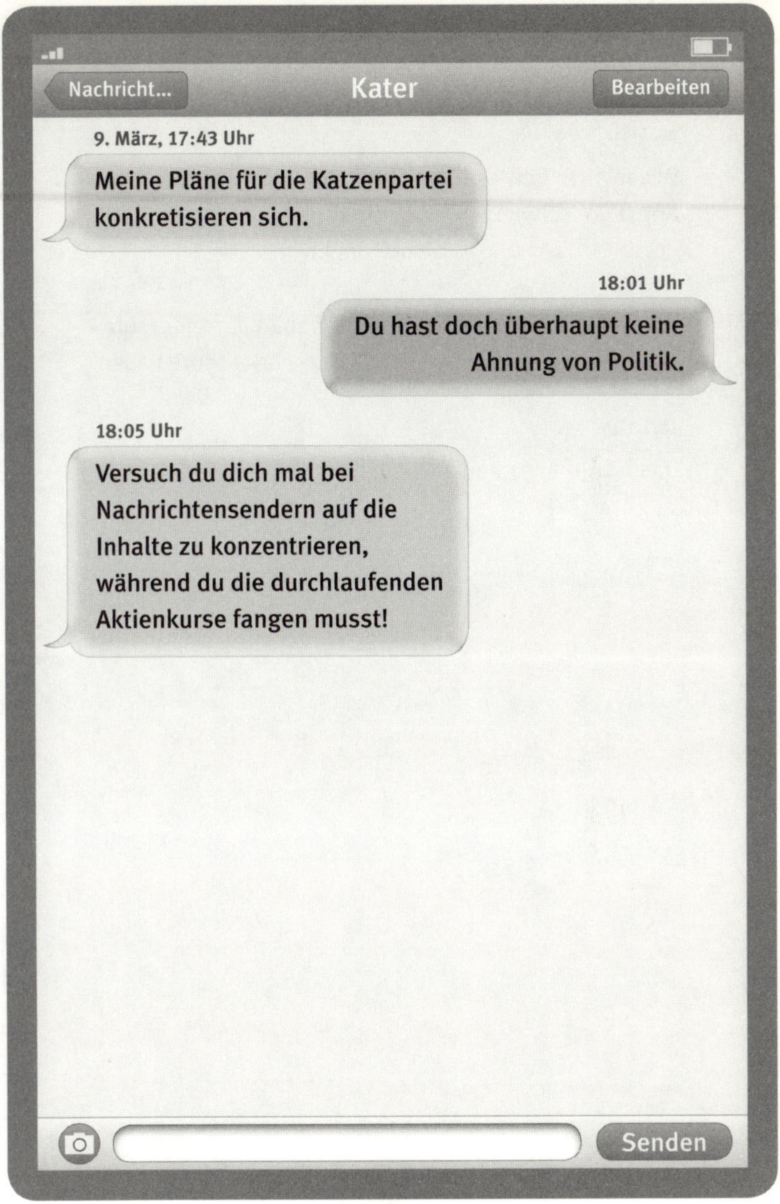
Nachricht...
Kater
Bearbeiten
9. März, 17:43 Uhr
Meine Pläne für die Katzenpartei konkretisieren sich.
18:01 Uhr
Du hast doch überhaupt keine Ahnung von Politik.
18:05 Uhr
Versuch du dich mal bei Nachrichtensendern auf die Inhalte zu konzentrieren, während du die durchlaufenden Aktienkurse fangen musst!
Senden

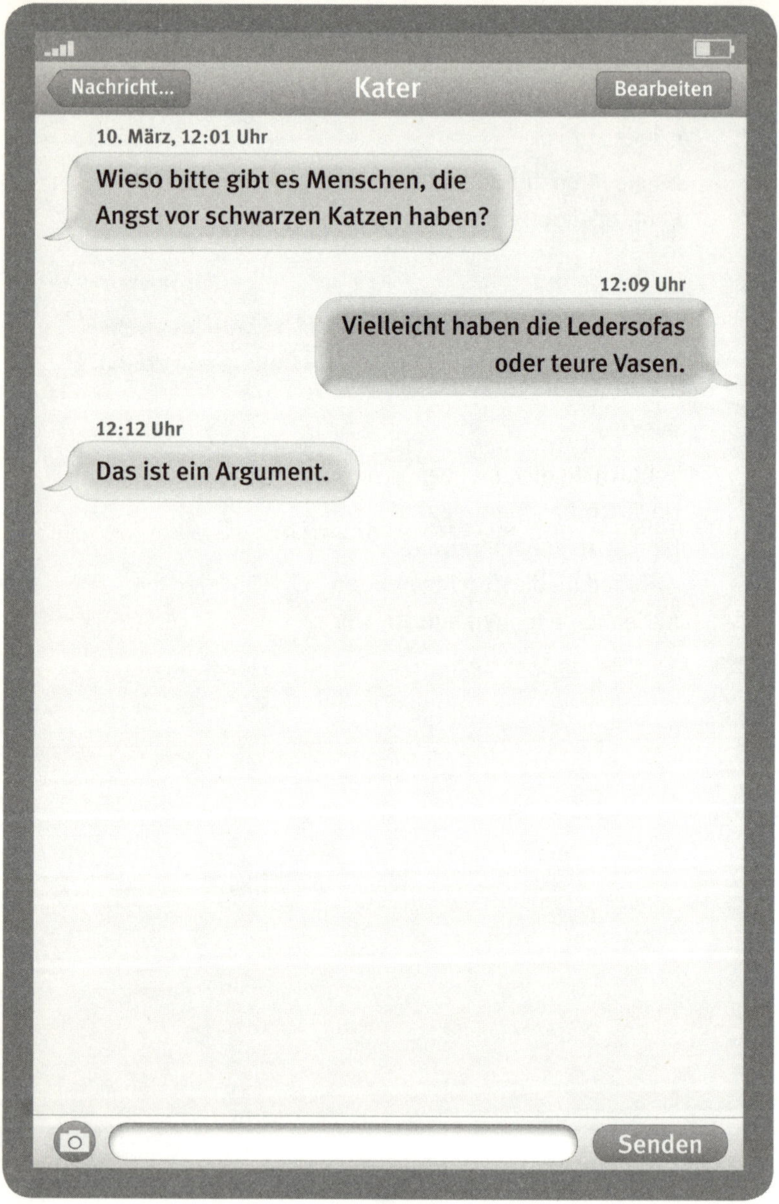

Nachricht...
Kater
Bearbeiten
10. März, 12:01 Uhr
Wieso bitte gibt es Menschen, die Angst vor schwarzen Katzen haben?
12:09 Uhr
Vielleicht haben die Ledersofas oder teure Vasen.
12:12 Uhr
Das ist ein Argument.
Senden

Nachricht...
Kater
Bearbeiten
10. März, 18:54 Uhr
Komme heute später, weil ich ein Date habe. Drück mir die Daumen!
18:57 Uhr
Ach ja, geht ja nicht, du hast ja keine ...
18:59 Uhr
Sehr witzig.
Senden

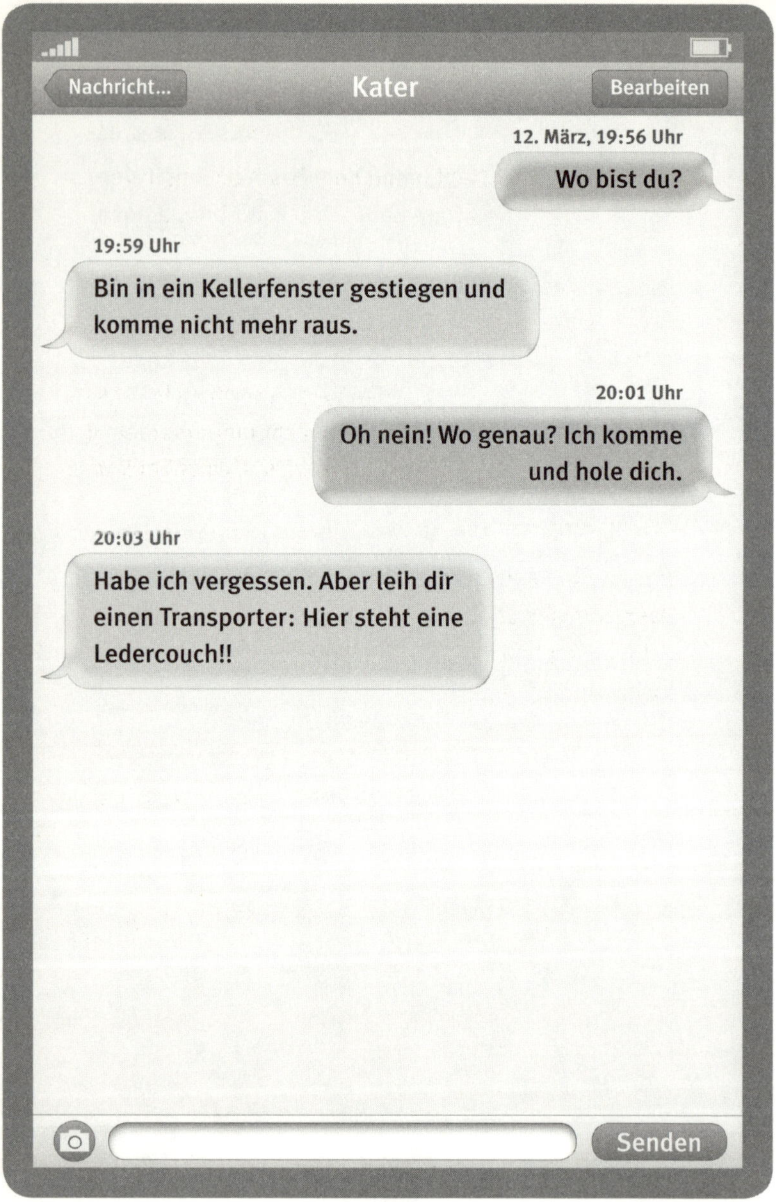
Nachricht...
Kater
Bearbeiten
12. März, 19:56 Uhr
Wo bist du?
19:59 Uhr
Bin in ein Kellerfenster gestiegen und komme nicht mehr raus.
20:01 Uhr
Oh nein! Wo genau? Ich komme und hole dich.
20:03 Uhr
Habe ich vergessen. Aber leih dir einen Transporter: Hier steht eine Ledercouch!!
Senden

Nachricht... **Kater** Bearbeiten

15. März, 16:37 Uhr

Hat Jan auf dem Festnetz angerufen?

16:56 Uhr

Nein. Nur deine Mutter. Fünfmal.

16:58 Uhr

Hm. Verstehe ich nicht, dass der sich nicht mehr meldet. :(Dann probiere ich's mal bei ihm.

17:02 Uhr

Nur für den unwahrscheinlichen Fall, dass er etwas über Exkremente in seinen Schuhen erzählt: Glaub ihm kein Wort!

17:07 Uhr

Grrrr ...

Senden

Nachricht... **Kater** Bearbeiten

16. März, 10:26 Uhr

OMG! Habe im Internet gerade «Cats» gefunden. Wird dieser Planet wirklich von einer Spezies beherrscht, die in Katzenkostümen auf der Bühne singt und tanzt?

Senden

Nachricht... **Kater** Bearbeiten

17. März, 9:29 Uhr

Nicht wundern: Ich habe dein Geld an Greenpeace gespendet.

9:31 Uhr

WAS HAST DU?

9:33 Uhr

Sie müssen den Thunfisch retten. Ich liebe Thunfisch!

9:38 Uhr

Das ist doch nicht dein Ernst.

9:42 Uhr

Doch! Wir Tiere müssen uns solidarisieren, um die Erde vor dem Menschen zu retten.

9:44 Uhr

So wie du und die Singvögel?

9:45 Uhr

Du hast recht. Ich spende auch noch für Singvögel!!

Senden

Nachricht... **Kater** Bearbeiten

18. März, 14:03 Uhr

Übrigens: Heute Abend ist Katzenparteivollversammlung bei uns im Wohnzimmer.

14:06 Uhr

Wehe, es kommen andere Katzen in meine Wohnung.

14:08 Uhr

Natürlich kommen keine anderen Katzen in die Wohnung. Gott, ich hasse andere Katzen!

Senden

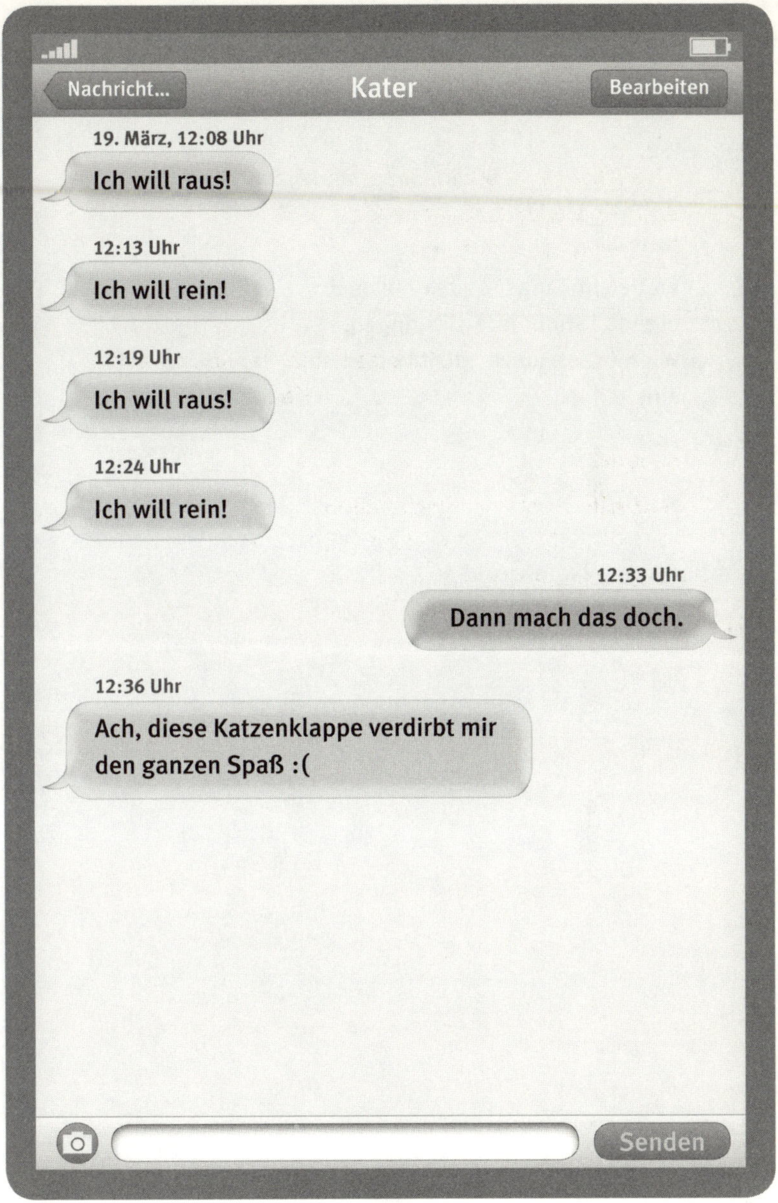
Nachricht...
Kater
Bearbeiten
19. März, 12:08 Uhr
Ich will raus!
12:13 Uhr
Ich will rein!
12:19 Uhr
Ich will raus!
12:24 Uhr
Ich will rein!
12:33 Uhr
Dann mach das doch.
12:36 Uhr
Ach, diese Katzenklappe verdirbt mir den ganzen Spaß :(
Senden

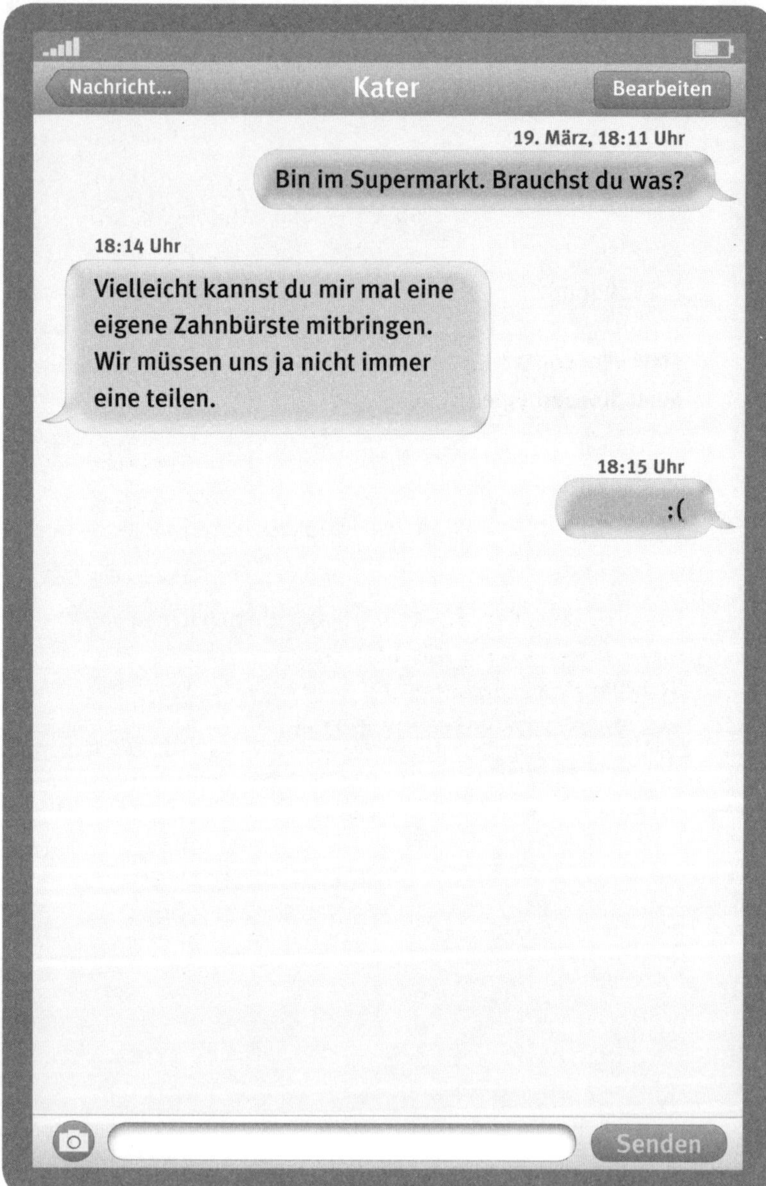
Nachricht...
Kater
Bearbeiten
19. März, 18:11 Uhr
Bin im Supermarkt. Brauchst du was?
18:14 Uhr
Vielleicht kannst du mir mal eine eigene Zahnbürste mitbringen. Wir müssen uns ja nicht immer eine teilen.
18:15 Uhr
:(
Senden

Nachricht... **Kater** Bearbeiten

22. März, 19:13 Uhr

Freu dich auf einen gemeinsamen Samstagabend auf der Couch. Mein Date hat abgesagt.

19:19 Uhr

Vielleicht solltest du wirklich mal deine Körperhygiene überdenken.

19:20 Uhr

Was?!

19:22 Uhr

Für jemanden, der sich weniger als drei Stunden am Tag wäscht, klingt das jetzt ziemlich überrascht.

Senden

Nachricht... **Kater** Bearbeiten

24. März, 18:22 Uhr

Ich bin so einsam. Ich habe gar keine Freunde.

18:29 Uhr

Du hast doch Marty.

18:33 Uhr

Ach, manchmal glaube ich, dass Marty nur mit mir befreundet ist, weil er sich deine Unterwäsche ansehen will.

Senden

Nachricht… **Kater** Bearbeiten

25. März, 18:45 Uhr

Du hast ja noch gar nichts gegessen. Dein Napf ist ja noch voll.

18:51 Uhr

Im Nachbarsgarten gab's Suppe.

18:53 Uhr

Suppe?

18:56 Uhr

Meisensuppe.

18:59 Uhr

Das ist eine Vogeltränke!!

Senden

Nachricht... **Kater** Bearbeiten

26. März, 21:12 Uhr

Ich brauche deine Hilfe. Es gibt einen neuen Kater in meinem Revier.

21:16 Uhr

Und was soll ich dagegen machen?

21:18 Uhr

Du musst ihn vertreiben!

21:24 Uhr

Und wie?

21:26 Uhr

Zeig ihm den Staubsauger!!

Senden

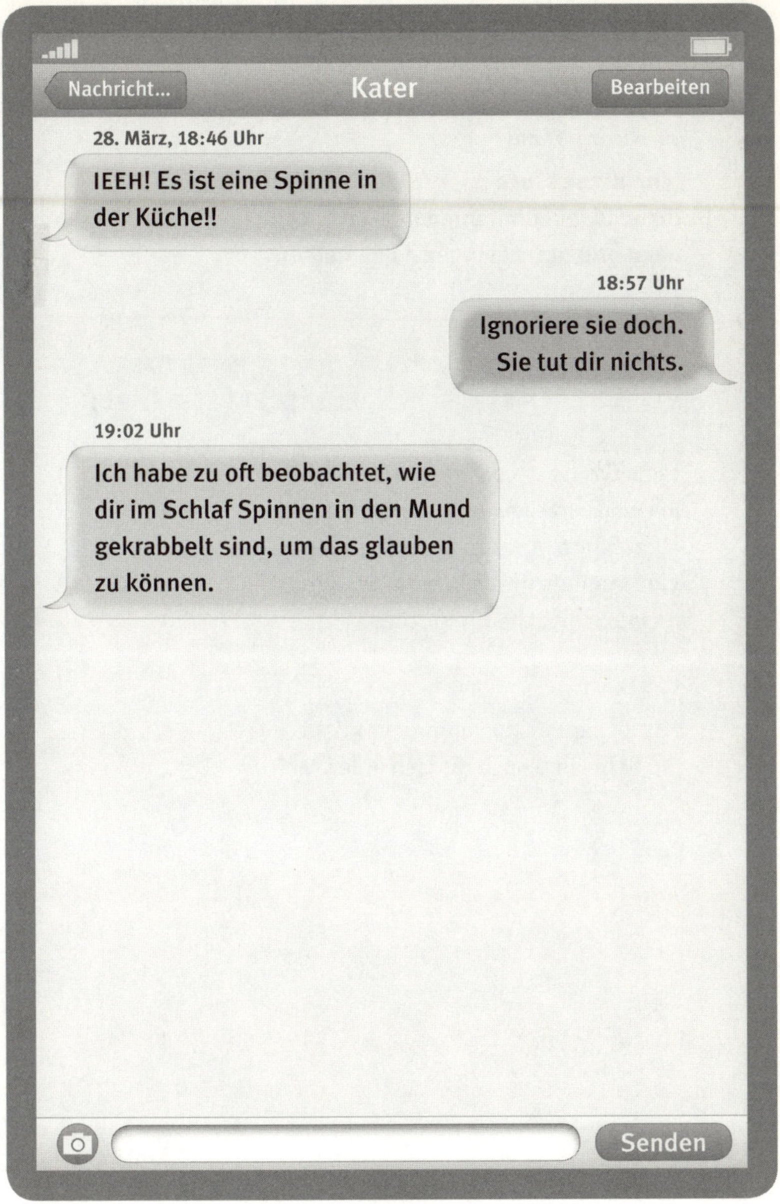
Nachricht...
Kater
Bearbeiten
28. März, 18:46 Uhr
IEEH! Es ist eine Spinne in der Küche!!
18:57 Uhr
Ignoriere sie doch. Sie tut dir nichts.
19:02 Uhr
Ich habe zu oft beobachtet, wie dir im Schlaf Spinnen in den Mund gekrabbelt sind, um das glauben zu können.
Senden

Nachricht... **Kater** Bearbeiten

30. März, 17:37 Uhr

Ich hasse es, wie mich Onlinehändler immer wieder mit ihren miesen Tricks dazu bringen, bei ihnen zu bestellen.

17:43 Uhr

Was für miese Tricks? Und: DU DARFST NICHTS IM INTERNET BESTELLEN!

17:46 Uhr

Ich weiß. Ich versuche wirklich damit aufzuhören. Aber zu jeder Bestellung gibt es einen gratis Karton. Du kennst meine Schwäche für Kartons.

17:52 Uhr

Mit dieser Päckchennummer kriegen die Schweine mich einfach jedes Mal!

Senden

Nachricht… **Kater** Bearbeiten

31. März, 11:21 Uhr

Ich habe gerade gelesen, dass Katzen besonders reinliche Tiere sind.

11:25 Uhr

Das stimmt.

11:28 Uhr

Kannst du dann nicht mal das Badezimmer putzen?

Senden

Nachricht... **Kater** Bearbeiten

2. April, 10:32 Uhr

Bei eBay gibt es gerade eine tolle Ledercouch. Darf ich mitbieten?

10:34 Uhr

Ich mag keine Ledercouches und PFOTEN WEG VON MEINEM COMPUTER!

10:36 Uhr

Dann wird es dich freuen zu hören, dass ich mir gerade einen eigenen Computer ersteigert habe.

Senden

Nachricht...
Kater
Bearbeiten
3. April, 18:45 Uhr
Ich habe jetzt schon 3496 Freunde auf Facebook!
18:53 Uhr
Glückwunsch! Wie hast du das gemacht?
18:55 Uhr
Mein Witz und mein Esprit ...
18:58 Uhr
Hahaha!
19:01 Uhr
... gepaart mit ein paar deiner Bikinifotos.
Senden

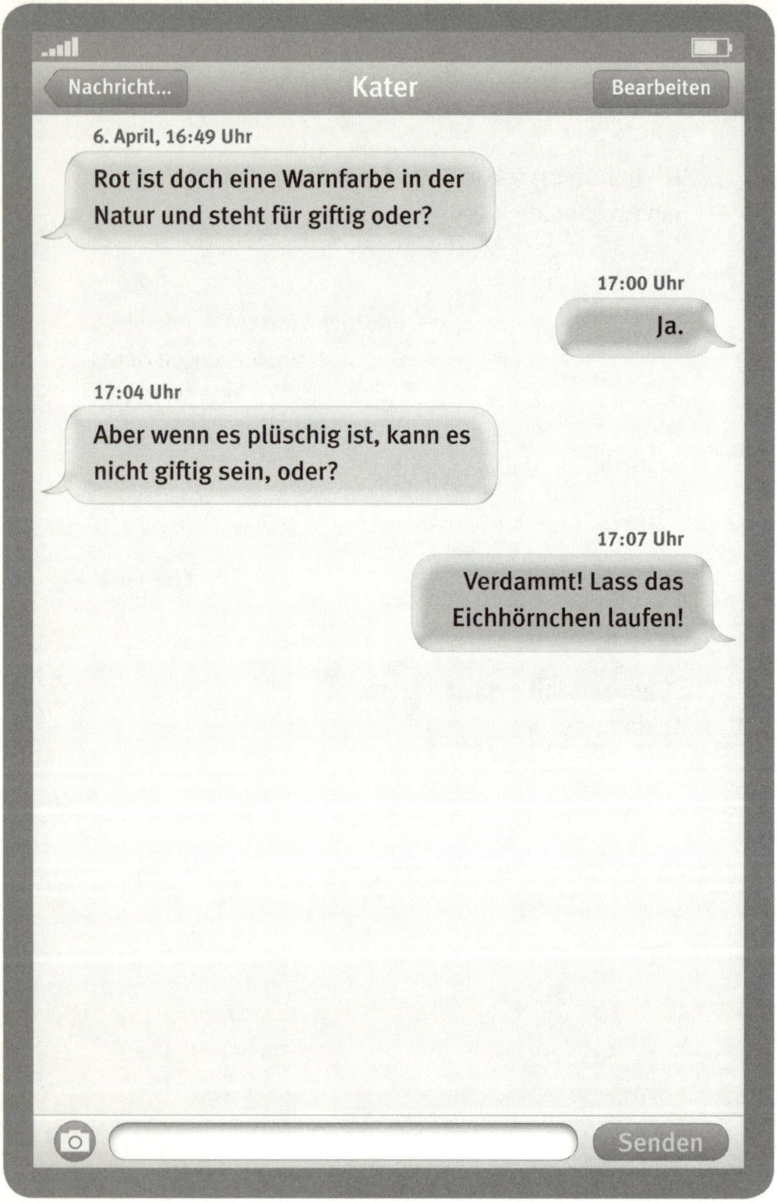
Nachricht...
Kater
Bearbeiten
6. April, 16:49 Uhr
Rot ist doch eine Warnfarbe in der Natur und steht für giftig oder?
17:00 Uhr
Ja.
17:04 Uhr
Aber wenn es plüschig ist, kann es nicht giftig sein, oder?
17:07 Uhr
Verdammt! Lass das Eichhörnchen laufen!
Senden

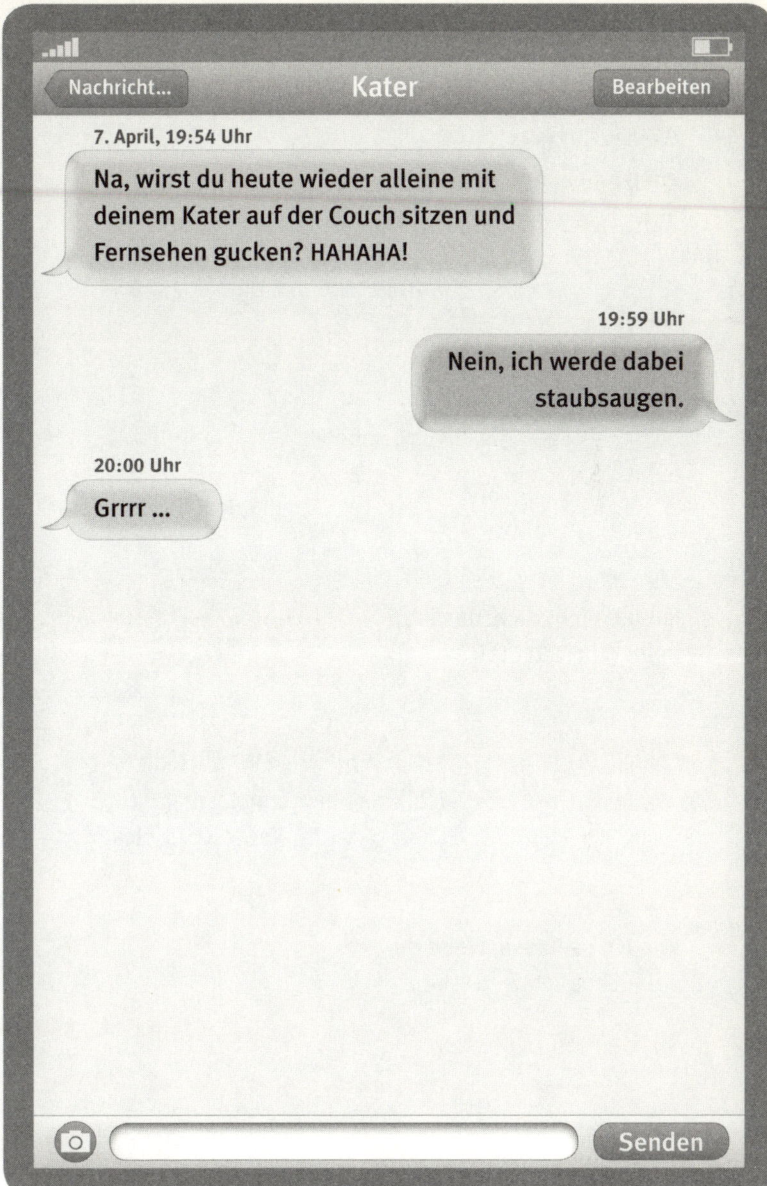
Nachricht...
Kater
Bearbeiten
7. April, 19:54 Uhr
Na, wirst du heute wieder alleine mit deinem Kater auf der Couch sitzen und Fernsehen gucken? HAHAHA!
19:59 Uhr
Nein, ich werde dabei staubsaugen.
20:00 Uhr
Grrrr ...
Senden

Nachricht... **Kater** Bearbeiten

10. April, 13:01 Uhr

Wo ist mein Mittagessen?

13:10 Uhr

Mittag fällt aus, du bist auf Diät.

13:12 Uhr

Wieso?

13:15 Uhr

Weil du zu dick bist.

13:17 Uhr

Ich bin nicht dick, das ist mein WINTERFELL!

13:20 Uhr

Es ist April. Dein Winterfell klebt an all meinen Klamotten und ruft: «Der Kater ist zu dick!»

13:21 Uhr

Wie ich es hasse, wenn du versuchst, lustig zu sein.

Senden

Nachricht... **Kater** Bearbeiten

11. April, 14:52 Uhr

Du hast vergessen, die Freundschaftsanfrage deiner Mutter auf Facebook anzunehmen. Ich habe das für dich nachgeholt.

14:54 Uhr

Wie kommst du in meinen Facebookaccount?!?

14:59 Uhr

Wie schwierig ist es wohl auf das Passwort «kater4ever» zu kommen, wenn man mit dir zusammenwohnt?

Senden

Nachricht... **Kater** Bearbeiten

13. April, 16:20 Uhr

Oho! Du hast von einem Verehrer Katzengras geschenkt bekommen, wie romantisch!

16:31 Uhr

Das ist kein Katzengras, sondern ein Blumenstrauß.

16:48 Uhr

Ach ja? Und wenn es angeblich kein Katzengras ist, wieso habe ich es dann gegessen und auf den Teppich gekotzt? Hä?!?

Senden

Nachricht... **Kater** Bearbeiten

14. April, 12:54 Uhr

Weißt du, woran ich eben denken musste?

13:11 Uhr

An Hühnerherzen?

13:16 Uhr

Hm. Woher weißt du das?

Senden

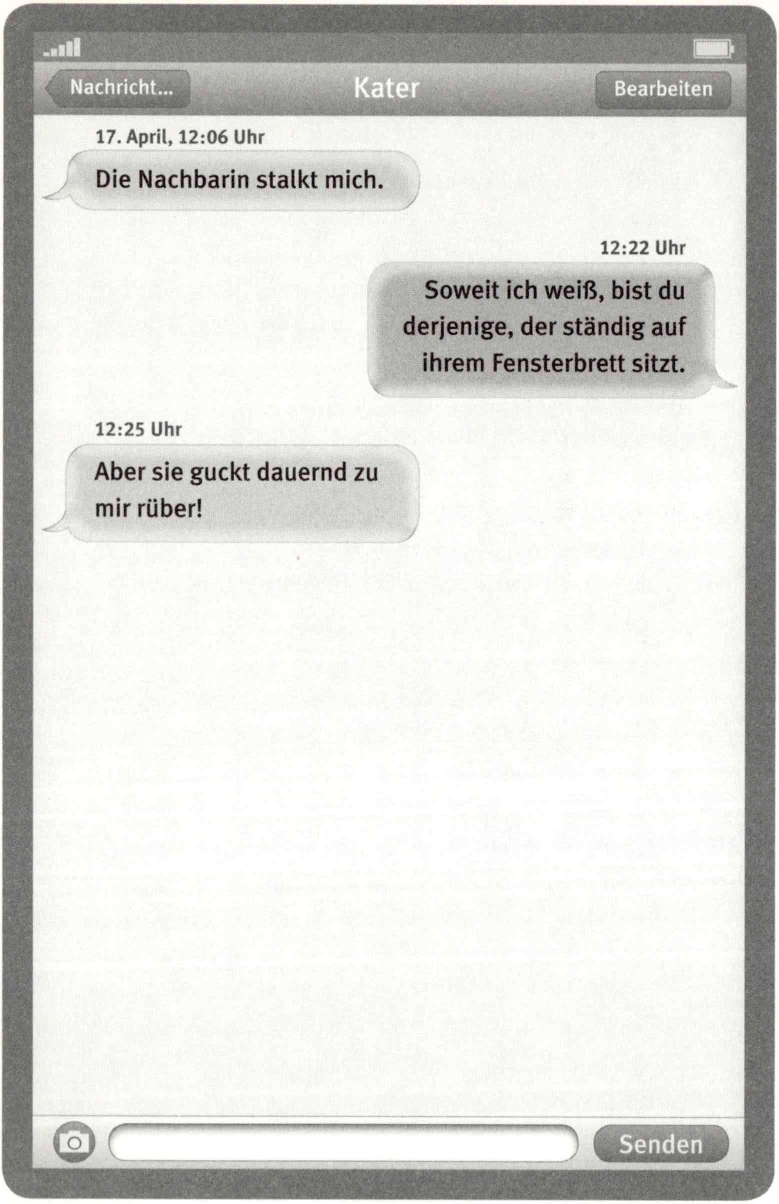
Nachricht...
Kater
Bearbeiten
17. April, 12:06 Uhr
Die Nachbarin stalkt mich.
12:22 Uhr
Soweit ich weiß, bist du derjenige, der ständig auf ihrem Fensterbrett sitzt.
12:25 Uhr
Aber sie guckt dauernd zu mir rüber!
Senden

Nachricht... | **Kater** | Bearbeiten

17. April, 18:46 Uhr

Freundchen! Ich habe Post von einer Anwaltskanzlei bekommen. Hast du «Aristocats» und «Unsere Ozeane» illegal heruntergeladen?

18:50 Uhr

Natürlich nicht.

18:52 Uhr

Aber schreib ihnen, dass jeder Filme legal kaufen würde, wenn sie die in größeren Kartons verschicken würden.

Senden

Nachricht... **Kater** Bearbeiten

18. April, 20:50 Uhr

Wie ich es hasse, dass Hollywood mich mit seinen künstlichen Schönheitsidealen so unter Druck setzt!

20:57 Uhr

Wie das denn bitte?

21:00 Uhr

Hast du Catwoman jemals auf den Teppich kotzen sehen?

Senden

Nachricht... **Kater** Bearbeiten

19. April, 10:24 Uhr

Du musst mich am Bauch streicheln. Sofort.

10:27 Uhr

Ich bin in einem Meeting.

10:30 Uhr

Sag doch, deine Tante sei gestorben und du müsstest schnell nach Hause.

10:33 Uhr

Pfff. Und wer verdient dann das Geld?

10:35 Uhr

Wir brauchen kein Geld. Wir bestellen einfach alles im Internet.

Senden

Nachricht... **Kater** Bearbeiten

19. April, 17:07 Uhr

Komme gleich nach Hause. Bin todmüde und völlig zerschlagen.

17:12 Uhr

Echt? Aber ich habe heute Nacht mehrere Stunden auf deiner Brust gelegen und dich angestarrt. Ich hatte nicht den Eindruck, dass du unruhig geschlafen hast.

Senden

Nachricht... **Kater** Bearbeiten

21. April, 8:59 Uhr

Hör zu, heute mache ich Frühjahrsputz. Nicht, dass du dir wieder vor Angst in die Hose machst.

9:03 Uhr

Oh, natürlich. Weil ich ja so große Angst davor habe, dich zum ersten Mal Fenster putzen zu sehen.

9:06 Uhr

Haha. Nein, weil ich den Staubsauger aus der Kammer holen werde.

9:10 Uhr

SPRICH NICHT SEINEN NAMEN AUS, DAS BRINGT UNGLÜCK!

Senden

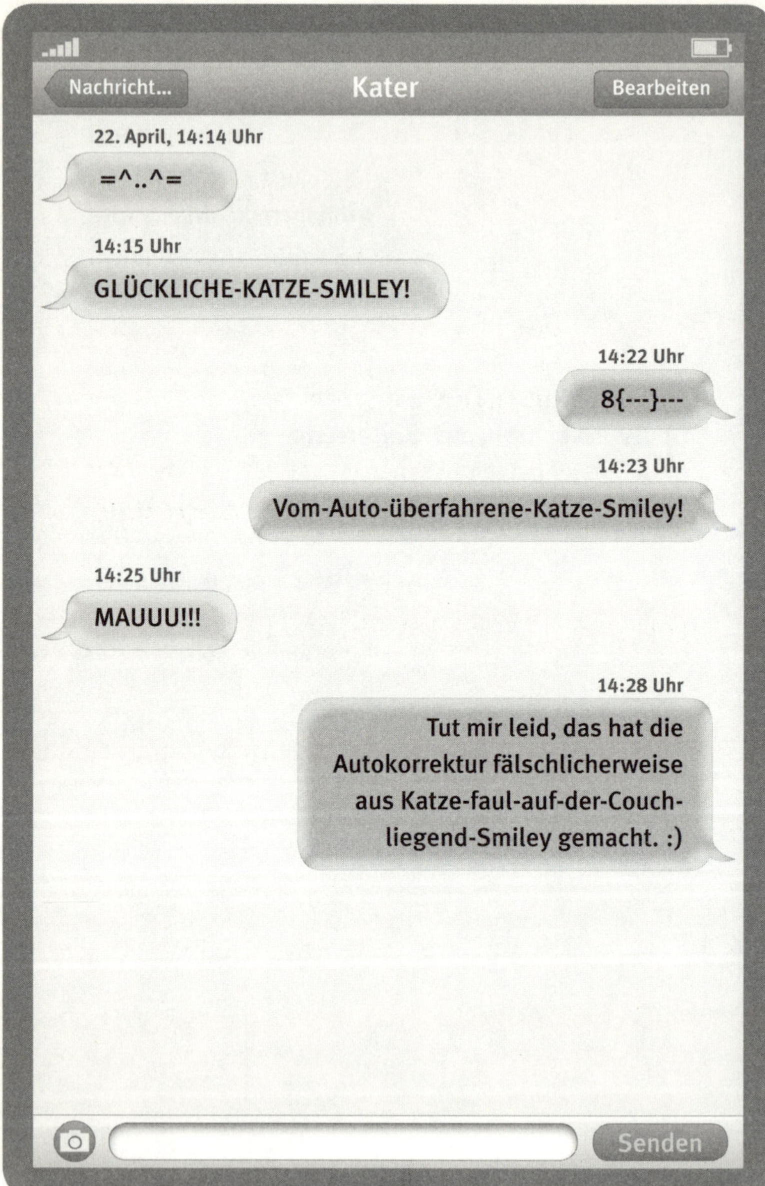
Nachricht...
Kater
Bearbeiten
22. April, 14:14 Uhr
=^..^=
14:15 Uhr
GLÜCKLICHE-KATZE-SMILEY!
14:22 Uhr
8{---}---
14:23 Uhr
Vom-Auto-überfahrene-Katze-Smiley!
14:25 Uhr
MAUUU!!!
14:28 Uhr
Tut mir leid, das hat die Autokorrektur fälschlicherweise aus Katze-faul-auf-der-Couch-liegend-Smiley gemacht. :)
Senden

Nachricht... **Kater** Bearbeiten

24. April, 16:22 Uhr

Hör mal, ich stehe mit der Nachbarin im Hof und suche vergeblich das Amselnest. Weißt du was darüber?

16:26 Uhr

Mochtet ihr das Nest?

16:27 Uhr

Ja, allerdings.

16:29 Uhr

Dann weiß ich nichts darüber.

Senden

Nachricht... | **Kater** | Bearbeiten

25. April, 10:01 Uhr

Aargh, bin ich schlecht gelaunt!

10:03 Uhr

Wieso?

10:07 Uhr

Bald ist Sommerfellzeit und ich bin schon seit einer halben Stunde auf Obstdiät.

10:08 Uhr

Obstdiät?

10:10 Uhr

Ja, ich esse nur noch Fruchtfliegen zwischen den Mahlzeiten :(

Senden

Nachricht... **Kater** Bearbeiten

25. April, 15:47 Uhr

Findest du, dass er mir steht? Ich meine, er macht ein bisschen dick.

Senden

Nachricht... **Kater** Bearbeiten

26. April, 19:58 Uhr

Ist dir eigentlich schon mal aufgefallen, dass Katzen in der Werbung ständig Essen bekommen und gekrault werden?

20:10 Uhr

Ist dir eigentlich schon mal aufgefallen, dass Katzen in der Werbung nie nebens Klo pinkeln und das ganze Bett belegen?

Senden

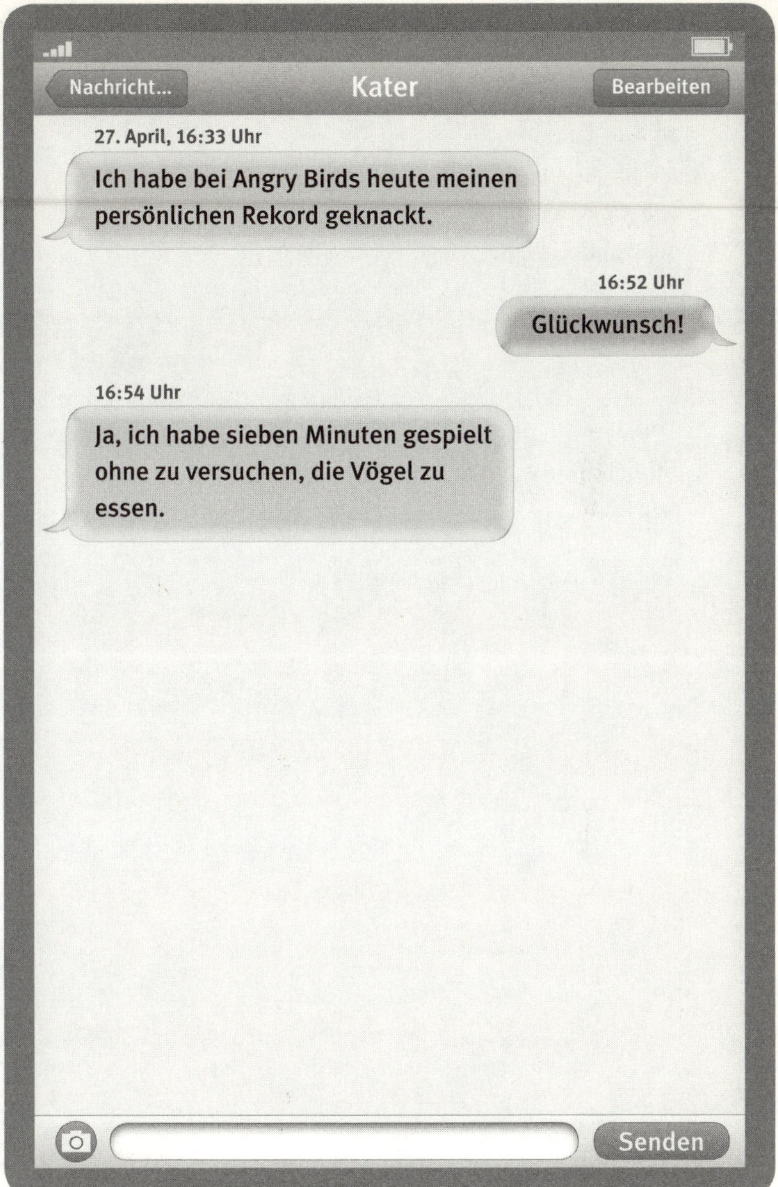
Nachricht...
Kater
Bearbeiten
27. April, 16:33 Uhr
Ich habe bei Angry Birds heute meinen persönlichen Rekord geknackt.
16:52 Uhr
Glückwunsch!
16:54 Uhr
Ja, ich habe sieben Minuten gespielt ohne zu versuchen, die Vögel zu essen.
Senden

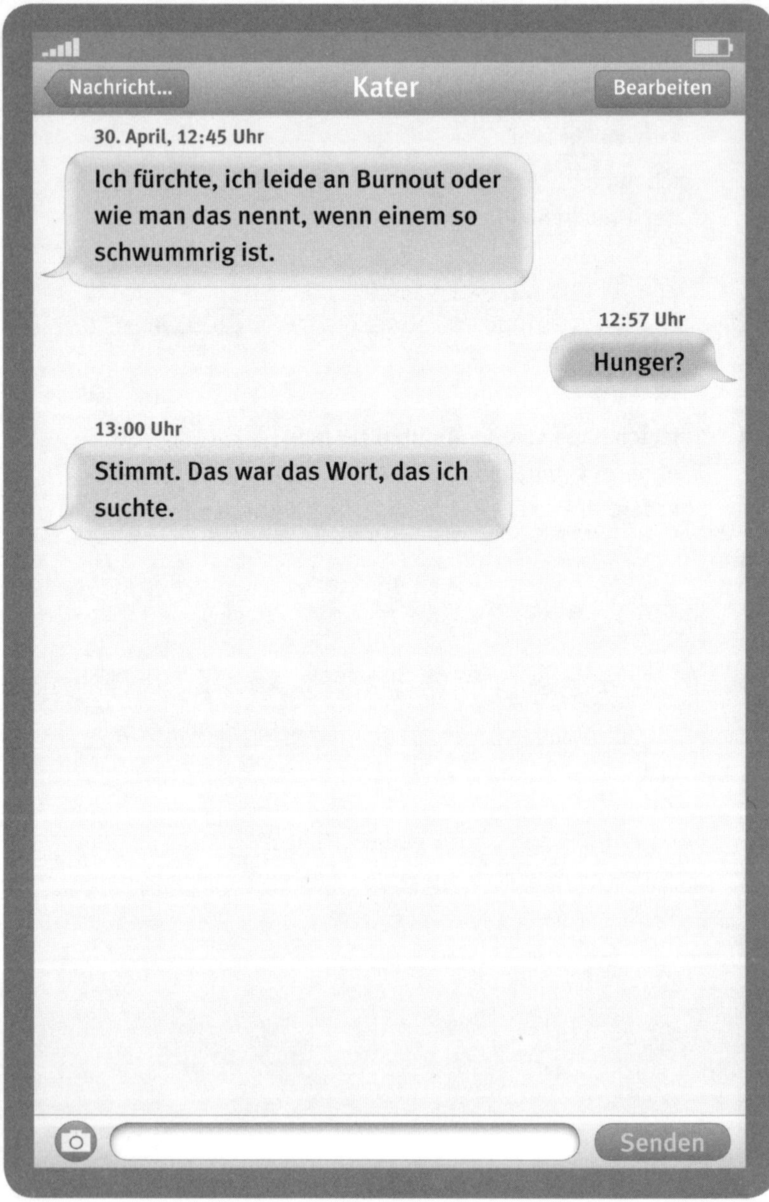
Nachricht...
Kater
Bearbeiten
30. April, 12:45 Uhr
Ich fürchte, ich leide an Burnout oder wie man das nennt, wenn einem so schwummrig ist.
12:57 Uhr
Hunger?
13:00 Uhr
Stimmt. Das war das Wort, das ich suchte.
Senden

Nachricht...
Kater
Bearbeiten
30. April, 18:03 Uhr
Hey! Bist du zu Hause?
18:05 Uhr
Ja. Ich like gerade Essensfotos auf Facebook.
18:07 Uhr
Dann gehe doch mal bitte ins Bad und gucke, ob noch Toilettenpapier da ist.
18:09 Uhr
Geht nicht.
18:11 Uhr
Machst du das bitte?!
18:12 Uhr
Das kann ich nicht. Ich bin eine Katze. Was erwartest du?
Senden

Nachricht... **Kater** Bearbeiten

2. Mai, 16:38 Uhr

Hast du der Tierärztin von meinem Computer böse E-Mails geschrieben?

16:49 Uhr

Definiere böse.

16:54 Uhr

«Du dumme Kuh hast dein Tierarztdiplom wohl im Lotto gewonnen!»

16:59 Uhr

Das war nicht böse. Aber sie verträgt anscheinend keine Kritik.

Senden

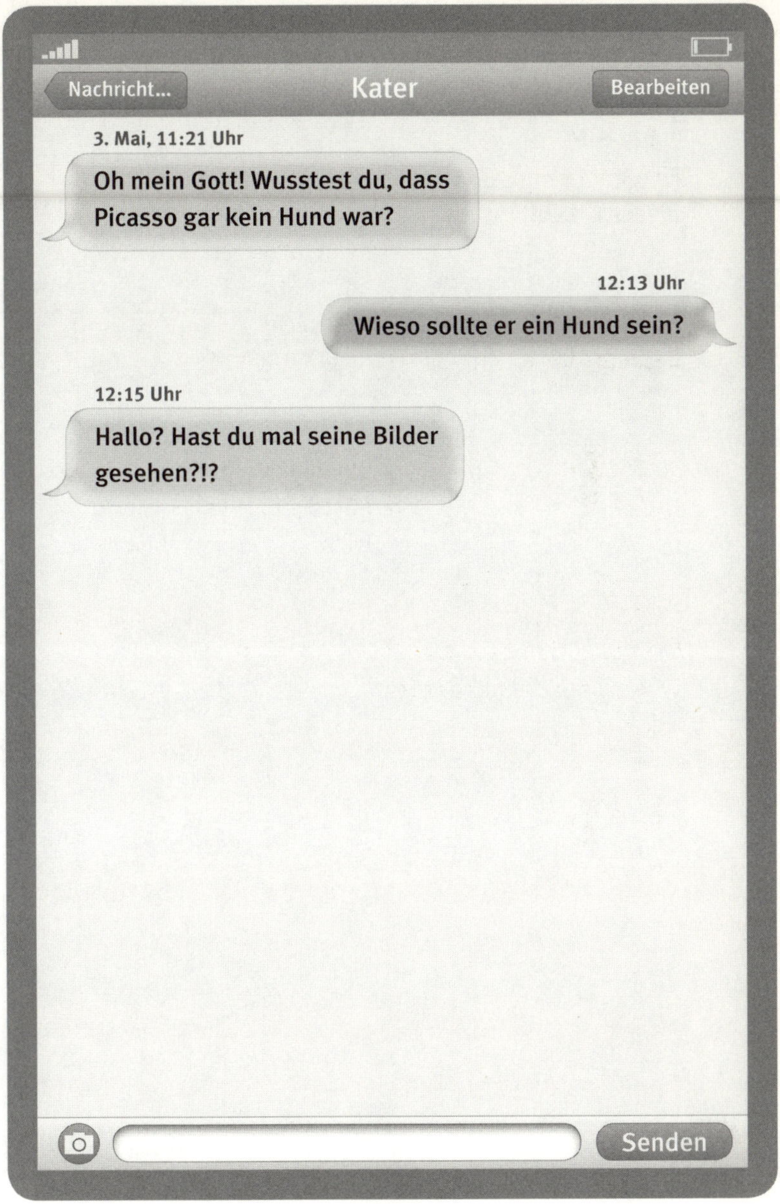
Nachricht...
Kater
Bearbeiten
3. Mai, 11:21 Uhr
Oh mein Gott! Wusstest du, dass Picasso gar kein Hund war?
12:13 Uhr
Wieso sollte er ein Hund sein?
12:15 Uhr
Hallo? Hast du mal seine Bilder gesehen?!?
Senden

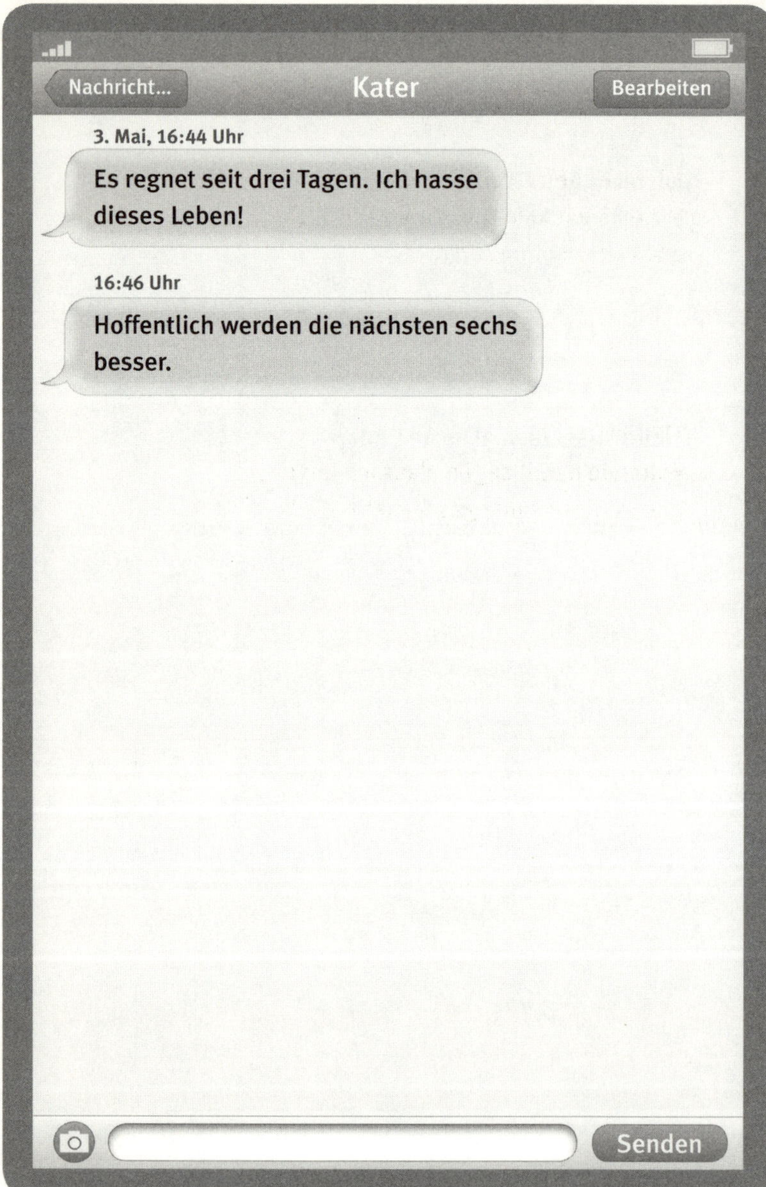
Nachricht...
Kater
Bearbeiten
3. Mai, 16:44 Uhr
Es regnet seit drei Tagen. Ich hasse dieses Leben!
16:46 Uhr
Hoffentlich werden die nächsten sechs besser.
Senden

Nachricht... **Kater** Bearbeiten

4. Mai, 10:53 Uhr

Ich stehe seit zwei Stunden vor dem leeren Fressnapf und gucke süß, aber auch ein wenig traurig.

11:00 Uhr

Ich bin im Büro.

11:03 Uhr

Willst du damit sagen, dass ich jetzt hier ganz umsonst gearbeitet habe?

Senden

Nachricht... **Kater** Bearbeiten

6. Mai, 17:36 Uhr

Bringst du Hühnerherzen mit? Ich habe dafür schon die Blumen gegossen.

17:39 Uhr

Wie hast du die ... Oh nein, ich will es nicht wissen!

Senden

Nachricht... **Kater** Bearbeiten

7. Mai, 14:49 Uhr

KINDERALARM IM HOF! Ehrlich, es gibt nichts, was ich so sehr hasse wie spielende Kinder!

14:51 Uhr

Naja, außer Staubsauger.

14:55 Uhr

Und geschlossene Türen.

14:58 Uhr

Und Musicalszenen in Trickfilmen.

15:04 Uhr

Und Trockenfutter.

15:07 Uhr

Und deine Frisur!

15:15 Uhr

›:/

Senden

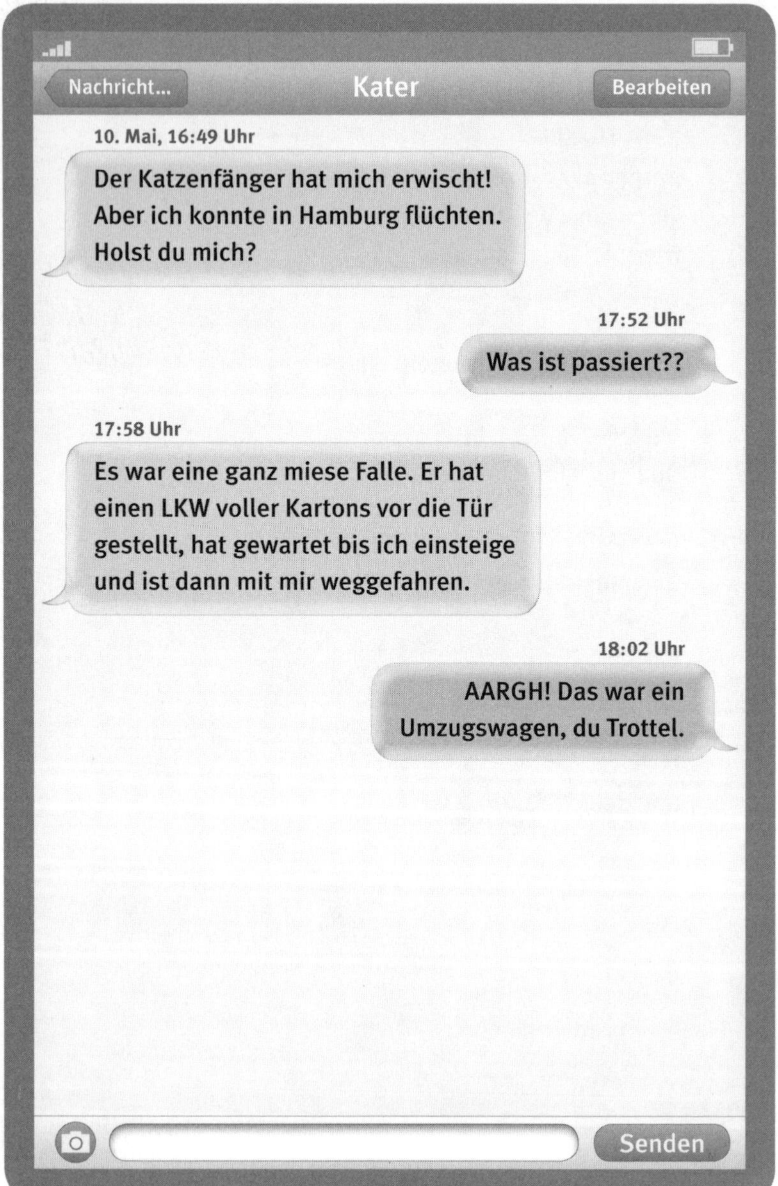
Nachricht...
Kater
Bearbeiten
10. Mai, 16:49 Uhr
Der Katzenfänger hat mich erwischt! Aber ich konnte in Hamburg flüchten. Holst du mich?
17:52 Uhr
Was ist passiert??
17:58 Uhr
Es war eine ganz miese Falle. Er hat einen LKW voller Kartons vor die Tür gestellt, hat gewartet bis ich einsteige und ist dann mit mir weggefahren.
18:02 Uhr
AARGH! Das war ein Umzugswagen, du Trottel.
Senden

Nachricht... **Kater** Bearbeiten

14. Mai, 12:04 Uhr

Warum müsst ihr eigentlich eure Medikamente ausgerechnet an Tieren testen? Nehmt doch Hunde!

Senden

Nachricht...
Kater
Bearbeiten
15. Mai, 7:34 Uhr
ORRR! Du hast schon wieder meine Haargummis geklaut.
7:39 Uhr
Ich habe sie nicht geklaut.
7:42 Uhr
Sondern?
7:45 Uhr
Ich habe sie nur weggeräumt.
7:48 Uhr
Wohin?
7:54 Uhr
Unter die Couch.
Senden

Nachricht… **Kater** Bearbeiten

15. Mai, 14:06 Uhr

Unsere Nachbarn haben sich schwarze Vogelaufkleber auf die Terrassentür geklebt.

14:11 Uhr

Aha.

14:14 Uhr

Man sieht aber kaum, dass es nur Aufkleber sind.

14:18 Uhr

Bist du etwa dagegen gesprungen?

14:20 Uhr

Nur zweimal.

Senden

Nachricht... **Kater** Bearbeiten

16. Mai, 9:23 Uhr

Bitte trenne endlich den Müll. Es liegt schon wieder eine Dose im Hausmüll.

10:13 Uhr

Seit wann bist du so umweltbewusst?

10:20 Uhr

Dir mag es egal sein, aber ich habe noch sechs Leben auf dieser Welt vor mir.

Senden

Nachricht... **Kater** Bearbeiten

18. Mai, 19:02 Uhr

Falls du mich suchst, ich bin jetzt joggen.

19:05 Uhr

Wieso tust du das?

19:08 Uhr

Na ja, weil das gut für die Gesundheit ist.

19:11 Uhr

Ach so. Ich dachte immer, Jogger laufen nur so schnell, damit niemand sieht, wie hässlich sie angezogen sind.

Senden

Nachricht... **Kater** Bearbeiten

19. Mai, 23:12 Uhr

Großartig. Alle Männer, die ich kennenlerne, gucken komisch, wenn ich ihnen sage, dass ich mit einer Katze zusammenwohne.

23:18 Uhr

Hast du dir mal überlegt, dass das vielleicht an deiner Frisur liegen könnte?

Senden

Nachricht...
Kater
Bearbeiten
22. Mai, 18:35 Uhr
Ich habe mich versteckt! Such mich.
18:36 Uhr
Hinter dem Vorhang.
18:37 Uhr
Woher weißt du das? Du hast nicht mal geguckt!
18:42 Uhr
Weil du da immer bist.
18:45 Uhr
Ok. Wo bin ich jetzt?
18:46 Uhr
Hinter dem Vorhang.
18:49 Uhr
Ja. Und jetzt?
18:50 Uhr
Hinter dem Vorhang.
18:52 Uhr
ORRR!
Senden

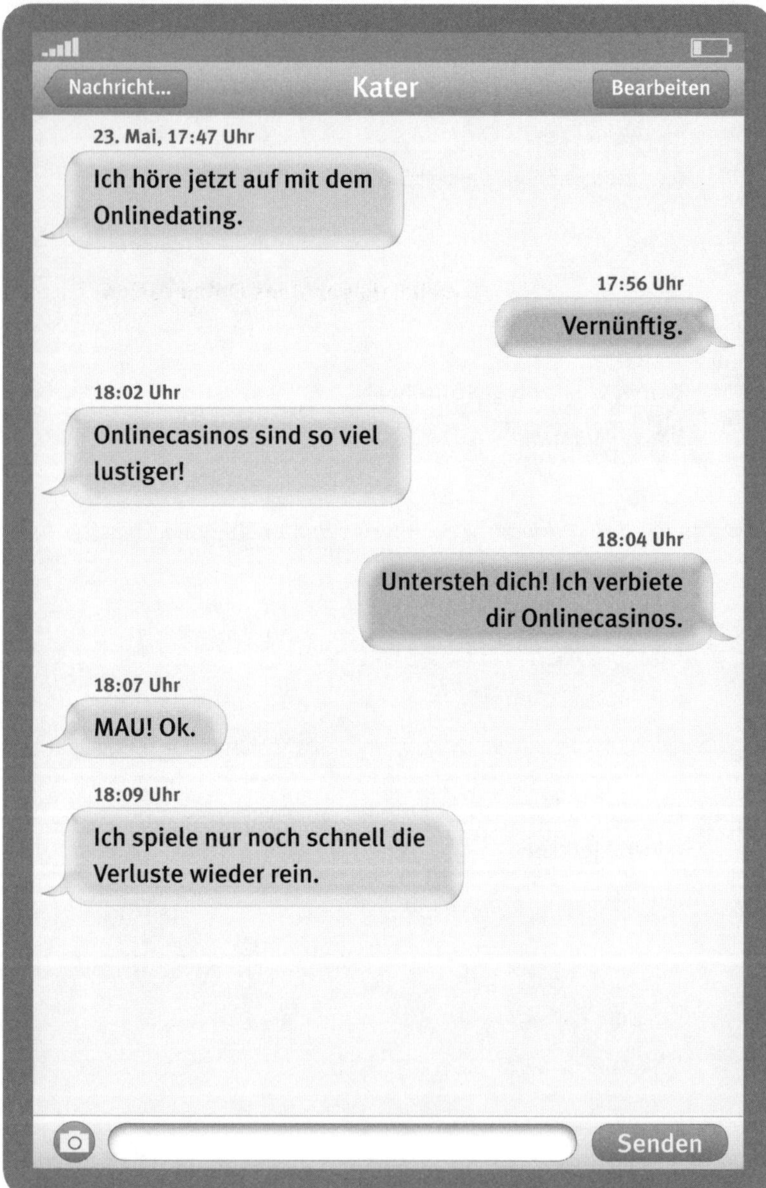
Nachricht...
Kater
Bearbeiten
23. Mai, 17:47 Uhr
Ich höre jetzt auf mit dem Onlinedating.
17:56 Uhr
Vernünftig.
18:02 Uhr
Onlinecasinos sind so viel lustiger!
18:04 Uhr
Untersteh dich! Ich verbiete dir Onlinecasinos.
18:07 Uhr
MAU! Ok.
18:09 Uhr
Ich spiele nur noch schnell die Verluste wieder rein.
Senden

Nachricht... **Kater** Bearbeiten

24. Mai, 11:22 Uhr

Wir werden Millionäre!!!

11:26 Uhr

Wehe, du gehst ins Onlinecasino!

11:31 Uhr

Nein, ich schreibe einen Katzen-Vampir-Roman.

11:35 Uhr

Die Katze ist ein Vampir?

11:42 Uhr

Fast. Die Katze isst Fledermäuse. Aber ich bin noch am Anfang.

Senden

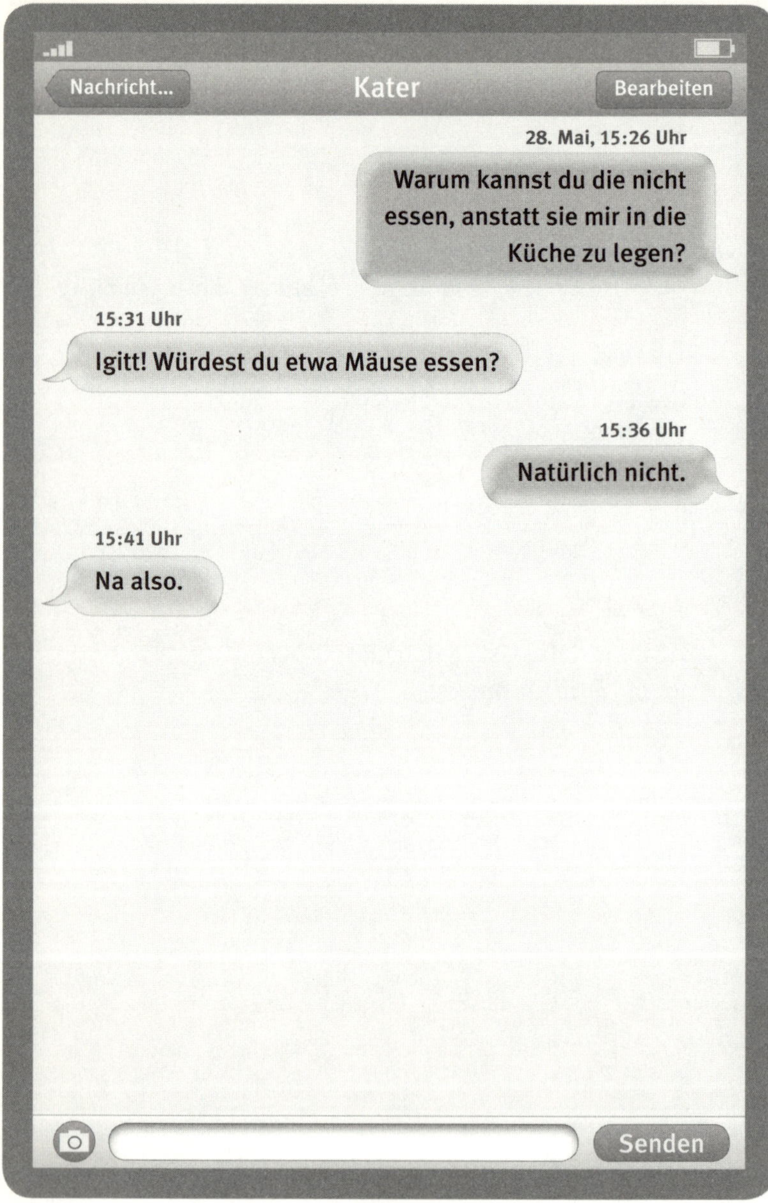
Nachricht...
Kater
Bearbeiten
28. Mai, 15:26 Uhr
Warum kannst du die nicht essen, anstatt sie mir in die Küche zu legen?
15:31 Uhr
Igitt! Würdest du etwa Mäuse essen?
15:36 Uhr
Natürlich nicht.
15:41 Uhr
Na also.
Senden

Nachricht... **Kater** Bearbeiten

30. Mai, 11:56 Uhr

Huiuiuiui. Ich habe heute deinen Kaffeerest getrunken. Übles Zeug!

12:02 Uhr

Lass das, Katzen vertragen keinen Kaffee.

15:05 Uhr

Das weiß ich jetzt auch. Ich war fast zwei Stunden am Stück wach. Dachte schon, es ginge nie mehr weg.

Senden

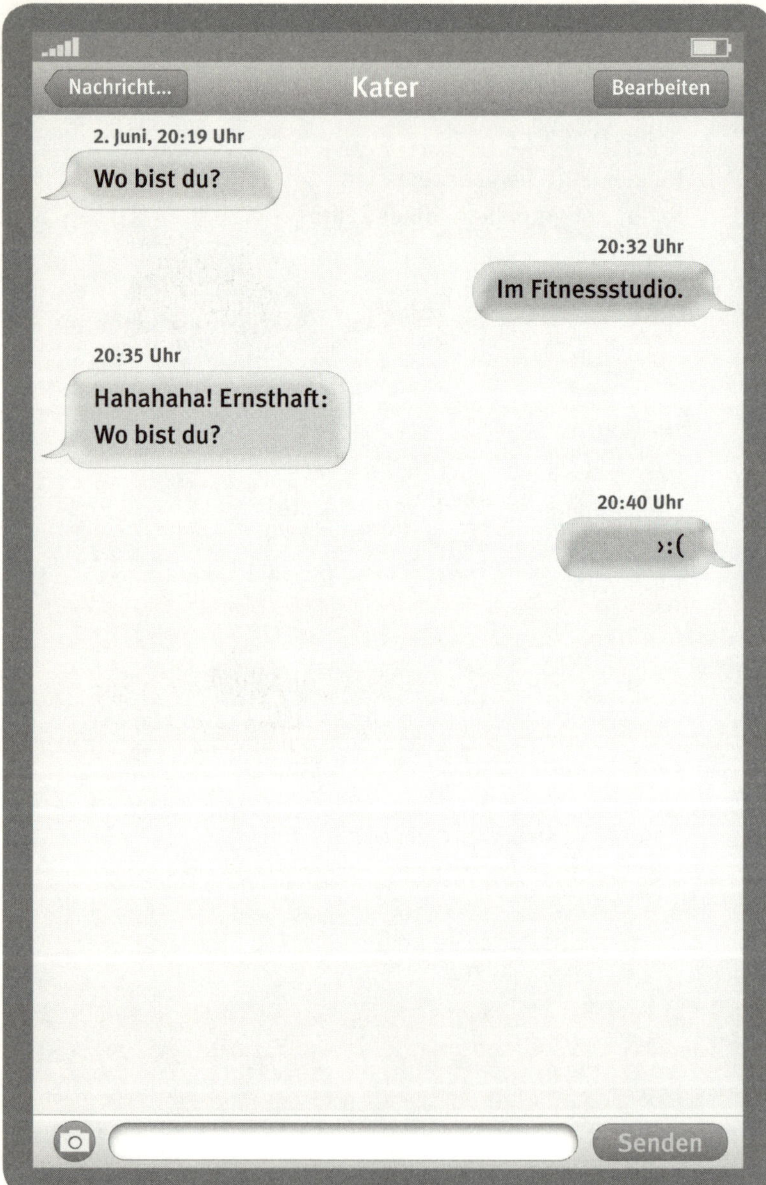
Nachricht...
Kater
Bearbeiten
2. Juni, 20:19 Uhr
Wo bist du?
20:32 Uhr
Im Fitnessstudio.
20:35 Uhr
Hahahaha! Ernsthaft: Wo bist du?
20:40 Uhr
>:(
Senden

Nachricht...
Kater
Bearbeiten
3. Juni, 19:13 Uhr
Wer ist diese Katze und was macht sie in meinem Bett?!
19:20 Uhr
Es ist nicht so wie es aussieht!
Senden

Nachricht... **Kater** Bearbeiten

6. Juni, 16:41 Uhr

Was ich nicht verstehe: Du hast furchtbare Angst vor Wasser und liegst trotzdem dauernd im Waschbecken. Warum?

16:45 Uhr

Wäre es dir lieber, wenn ich mir meinen Kick beim S-Bahnsurfen hole?

Senden

Nachricht... **Kater** Bearbeiten

7. Juni, 18:02 Uhr

Du hast schon wieder den Nachbarn in den Vorgarten gekackt!

18:05 Uhr

Stimmt gar nicht.

18:07 Uhr

Sie haben dich dabei beobachtet.

18:13 Uhr

Sie lügen.

18:16 Uhr

Und sie haben dich dabei fotografiert.

18:22 Uhr

Schon mal was von Bildbearbeitungsprogrammen gehört?

18:27 Uhr

Soll ich ihnen sagen, dass wir einen DNA-Test verlangen?

18:32 Uhr

Auf wessen Seite stehst du eigentlich?

Senden

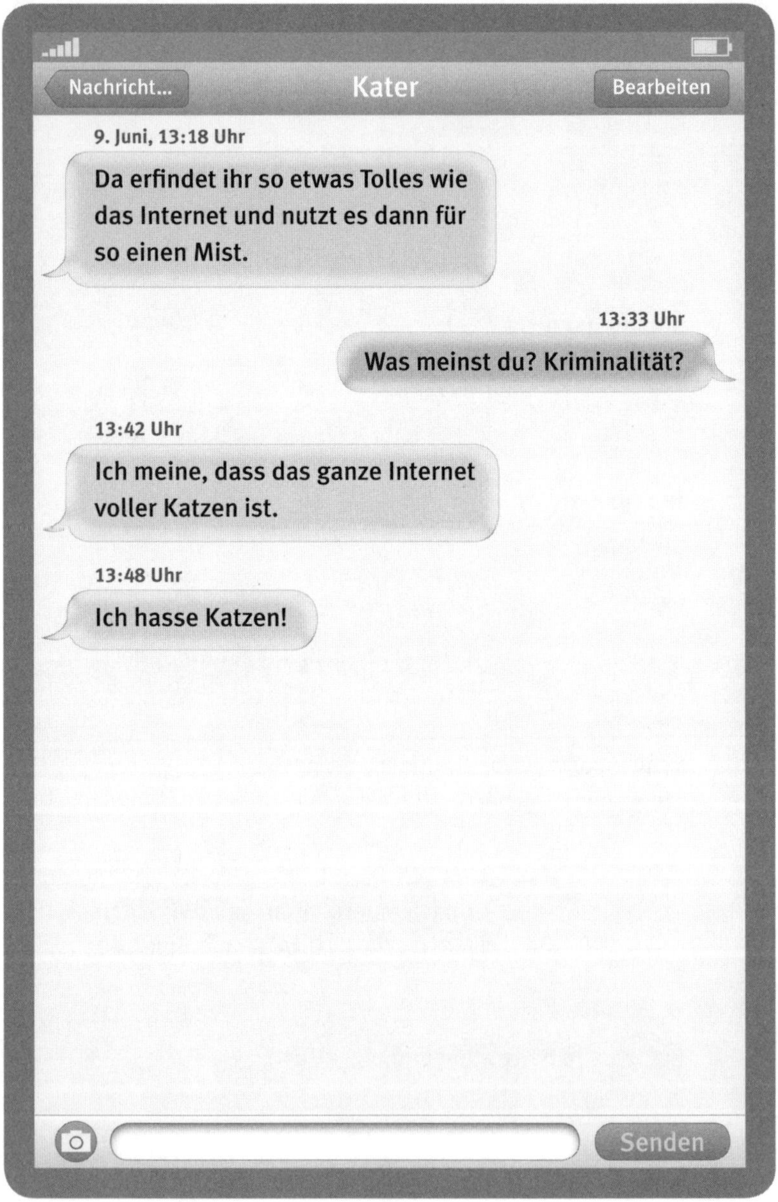
Nachricht...
Kater
Bearbeiten
9. Juni, 13:18 Uhr
Da erfindet ihr so etwas Tolles wie das Internet und nutzt es dann für so einen Mist.
13:33 Uhr
Was meinst du? Kriminalität?
13:42 Uhr
Ich meine, dass das ganze Internet voller Katzen ist.
13:48 Uhr
Ich hasse Katzen!
Senden

Nachricht... **Kater** Bearbeiten

12. Juni, 8:02 Uhr

Wenn du keine Mäuse frisst, dann töte sie doch nicht und lass sie nicht in meiner Küche liegen!

8:07 Uhr

Du sagst «töten» immer so, als sei das etwas Schlimmes.

Senden

Nachricht... **Kater** Bearbeiten

12. Juni, 17:34 Uhr

Also, ich habe die Maus NICHT getötet und NICHT in der Küche liegen gelassen. Zufrieden?

17:50 Uhr

Geht doch! Danke dir.

17:56 Uhr

Aber wann sie jetzt wieder hinter dem Bücherregal hervorkommen wird, weiß ich auch nicht.

Senden

Nachricht... **Kater** Bearbeiten

13. Juni, 10:51 Uhr

Ich bin schwarz, lautlos und ein Killer: Ich bin ein Ninjakrieger!

11:00 Uhr

Haha. Du bist doch nur lautlos, weil du immer auf der Couch liegst.

11:01 Uhr

NINJAKRIEGER!

Senden

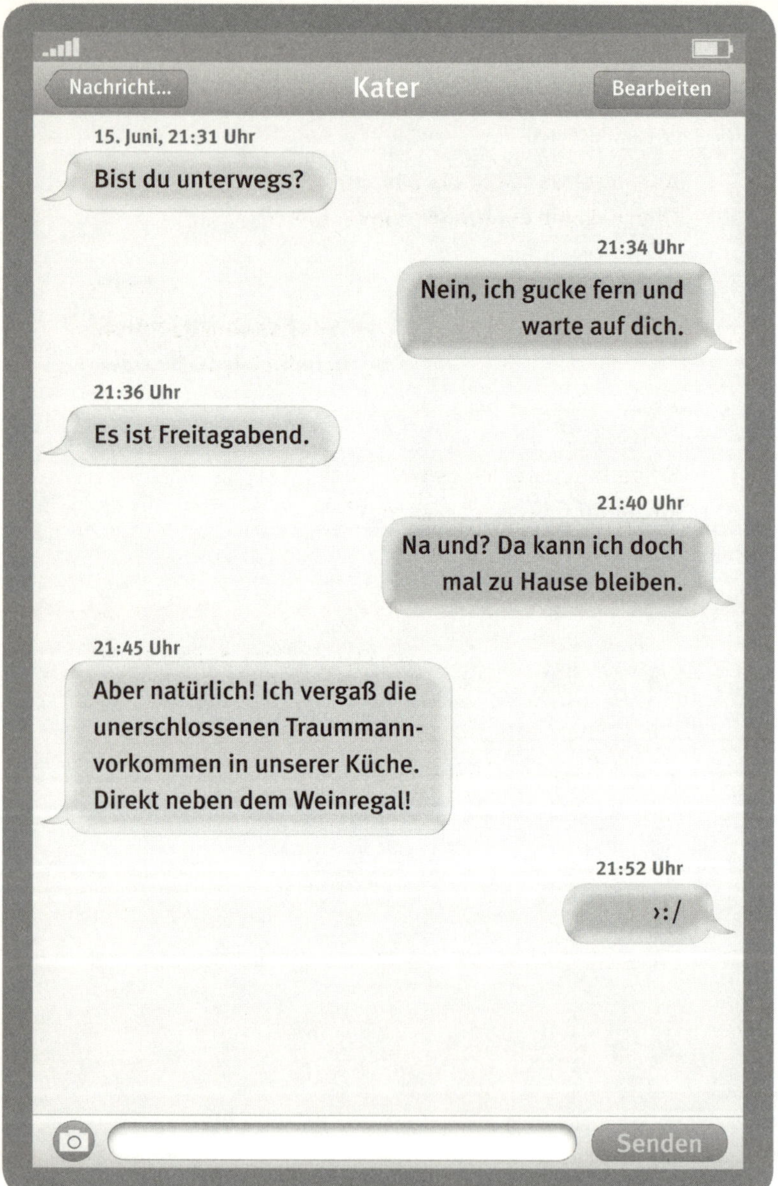
Nachricht...
Kater
Bearbeiten
15. Juni, 21:31 Uhr
Bist du unterwegs?
21:34 Uhr
Nein, ich gucke fern und warte auf dich.
21:36 Uhr
Es ist Freitagabend.
21:40 Uhr
Na und? Da kann ich doch mal zu Hause bleiben.
21:45 Uhr
Aber natürlich! Ich vergaß die unerschlossenen Traummann-vorkommen in unserer Küche. Direkt neben dem Weinregal!
21:52 Uhr
>:/
Senden

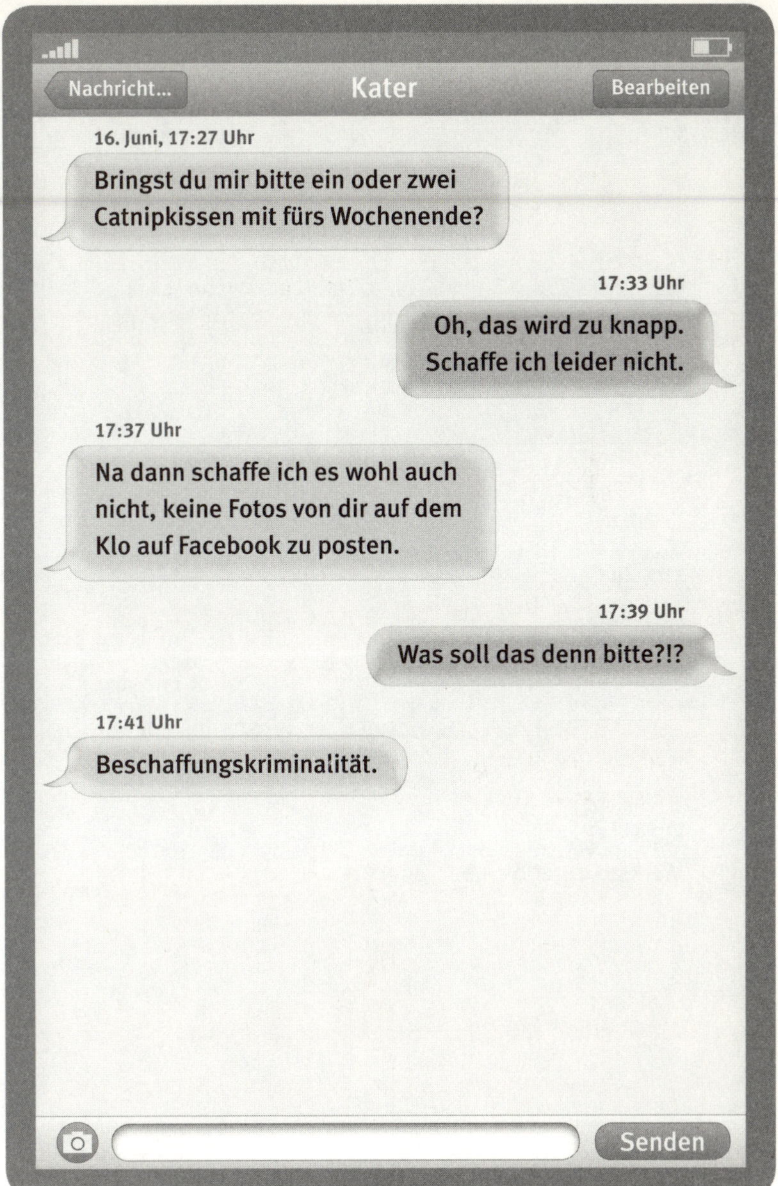
Nachricht...
Kater
Bearbeiten
16. Juni, 17:27 Uhr
Bringst du mir bitte ein oder zwei Catnipkissen mit fürs Wochenende?
17:33 Uhr
Oh, das wird zu knapp. Schaffe ich leider nicht.
17:37 Uhr
Na dann schaffe ich es wohl auch nicht, keine Fotos von dir auf dem Klo auf Facebook zu posten.
17:39 Uhr
Was soll das denn bitte?!?
17:41 Uhr
Beschaffungskriminalität.
Senden

Nachricht... **Kater** Bearbeiten

17. Juni, 13:41 Uhr

Habe beschlossen, dass du jetzt auf Catnip-Entzug kommst.

13:45 Uhr

NEEEIIIIN! Das ist doch meine einzige Freude.

13:51 Uhr

Das denkst du, aber es gibt doch noch so viel anderes Schönes.

13:52 Uhr

Ach ja?

13:56 Uhr

Ja, zum Beispiel abends mit mir auf der Couch sitzen.

13:58 Uhr

Merkste gerade selbst, oder?

Senden

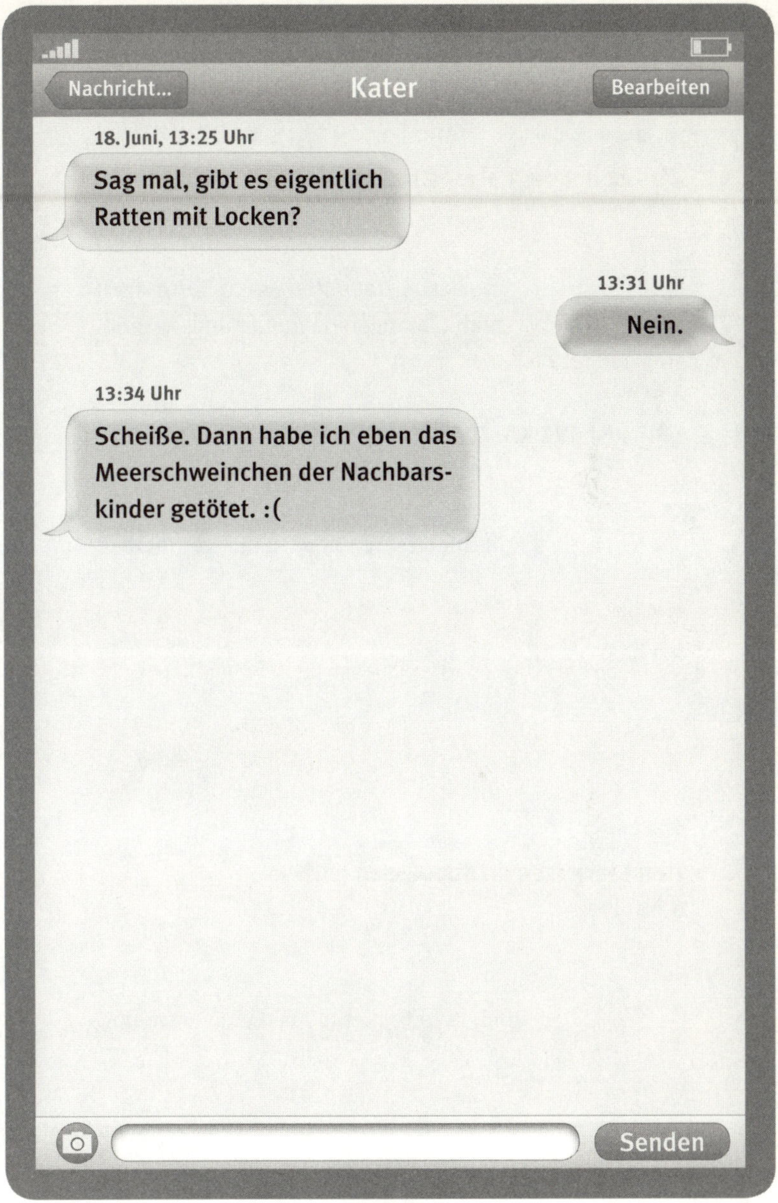
Nachricht...
Kater
Bearbeiten
18. Juni, 13:25 Uhr
Sag mal, gibt es eigentlich Ratten mit Locken?
13:31 Uhr
Nein.
13:34 Uhr
Scheiße. Dann habe ich eben das Meerschweinchen der Nachbarskinder getötet. :(
Senden

Nachricht... **Kater** Bearbeiten

20. Juni, 9:05 Uhr

Was ist mit der Katzenstreu passiert?

9:12 Uhr

Sorry, sie hatten deine Sorte nicht mehr, ich musste eine andere kaufen.

9:13 Uhr

EINE ANDERE KATZENSTREUSORTE?!?

9:17 Uhr

Es tut mir leid, ich konnte nichts machen.

9:18 Uhr

Ich hasse Veränderungen.

9:20 Uhr

Ich weiß.

9:28 Uhr

Zum Glück ist dein Kopfkissen noch dasselbe.

9:32 Uhr

Ich konnte nichts machen, verdammt!

Senden

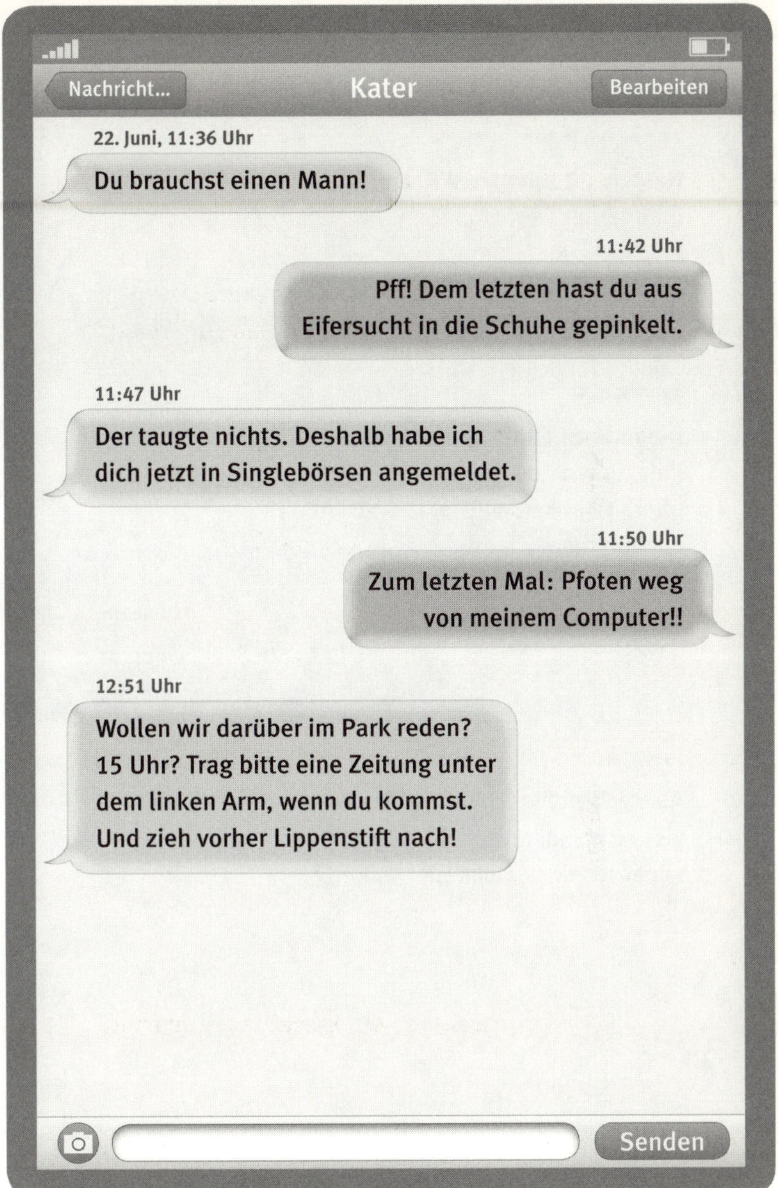
Nachricht...
Kater
Bearbeiten
22. Juni, 11:36 Uhr
Du brauchst einen Mann!
11:42 Uhr
Pff! Dem letzten hast du aus Eifersucht in die Schuhe gepinkelt.
11:47 Uhr
Der taugte nichts. Deshalb habe ich dich jetzt in Singlebörsen angemeldet.
11:50 Uhr
Zum letzten Mal: Pfoten weg von meinem Computer!!
12:51 Uhr
Wollen wir darüber im Park reden? 15 Uhr? Trag bitte eine Zeitung unter dem linken Arm, wenn du kommst. Und zieh vorher Lippenstift nach!
Senden

Nachricht... **Kater** Bearbeiten

23. Juni, 19:16 Uhr

Hast du dir schon mal Katzenforen im Internet angeguckt?

19:29 Uhr

Ja. Wieso?

19:35 Uhr

Die reden da über Fellnasen, Pelzgurken und Stubentiger. Und überall Blinkersmileys! Ich musste ein bisschen kotzen.

19:40 Uhr

Lass die doch, wenn es ihnen gefällt.

19:47 Uhr

Also, ich weiß nicht. Wir naschen vielleicht mal an eurer Seele, aber wir essen doch nicht euer Gehirn!

Senden

Nachricht... **Kater** Bearbeiten

25. Juni, 15:24 Uhr

Hui. Ich habe ganz viele Schmetterlinge im Bauch.

15:28 Uhr

Bist du etwa verliebt?

15:32 Uhr

Hä? Was hat das damit zu tun?

Senden

Nachricht...
Kater
Bearbeiten
28. Juni, 16:14 Uhr
Regnet es noch?
16:17 Uhr
Ja.
16:23 Uhr
Immer noch?
16:26 Uhr
Ja.
16:38 Uhr
Und jetzt?
16:39 Uhr
Guck doch selber aus dem Fenster!
16:41 Uhr
Geht nicht. Ich liege in die andere Richtung.
Senden

Nachricht... **Kater** Bearbeiten

29. Juni, 17:02 Uhr

Wusstest du, dass es Katzenbetten gibt?

17:09 Uhr

Ja.

17:12 Uhr

Heißt das, das sind kleine Betten nur für Katzen?

17:13 Uhr

Ja.

17:17 Uhr

Also Betten, in denen kein Mensch gleichzeitig versucht, selbst zu schlafen?

17:19 Uhr

Jahaa.

17:22 Uhr

Gott, wie naiv ihr manchmal seid ...

Senden

Nachricht... **Kater** Bearbeiten

2. Juli, 21:23 Uhr

Kannst du mir bitte erklären, weshalb du unter meinem Namen Hunderte Vogelbücher im Internet mit «Ist scheiße. Es stehen keine Rezepte drin.» rezensiert hast?

21:25 Uhr

Klar: Es standen keine Rezepte drin.

Senden

Nachricht... **Kater** Bearbeiten

3. Juli, 16:48 Uhr

Sind sie endlich weg?

16:52 Uhr

Ja, sie sind gegangen. Stell dich nicht so an, wenn ich Freundinnen mit Kindern zu mir einlade.

16:59 Uhr

Dein Altruismus in allen Ehren, aber würde es nicht reichen, wenn du diesen armen Menschen einfach Geld gibst?

Senden

Nachricht... **Kater** Bearbeiten

4. Juli, 12:19 Uhr

Du hast mich reingelegt.

12:45 Uhr

?

12:51 Uhr

Das ist überhaupt keine Ehrenmedaille der Mäusefängerlegion!!

12:55 Uhr

Nein, das ist ein Flohhalsband.

Senden

Nachricht... **Kater** Bearbeiten

6. Juli, 8:58 Uhr

Das tatsächliche Problem mit den sozialen Netzwerken ist das Soziale.

9:11 Uhr

Aha.

9:21 Uhr

Ja. So etwas wie Facebook, nur mit Ziegenkäse statt Freunden. Das wär's.

Senden

Nachricht... **Kater** Bearbeiten

8. Juli, 18:36 Uhr

Momentan kann niemand mehr das Badezimmer betreten.

18:39 Uhr

Wieso?

18:41 Uhr

Schwarze Magie!

18:44 Uhr

Warst du auf dem Katzenklo?

18:48 Uhr

Zauberer verraten keine Tricks.

Senden

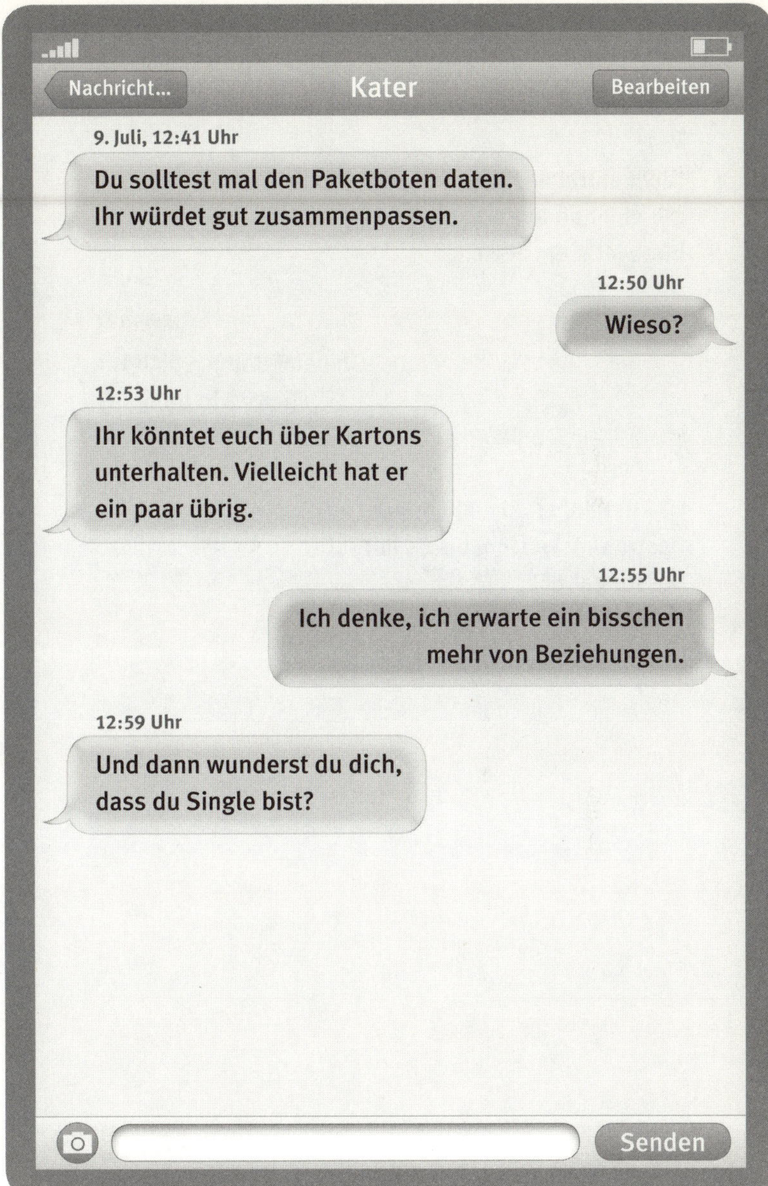
Nachricht...
Kater
Bearbeiten
9. Juli, 12:41 Uhr
Du solltest mal den Paketboten daten. Ihr würdet gut zusammenpassen.
12:50 Uhr
Wieso?
12:53 Uhr
Ihr könntet euch über Kartons unterhalten. Vielleicht hat er ein paar übrig.
12:55 Uhr
Ich denke, ich erwarte ein bisschen mehr von Beziehungen.
12:59 Uhr
Und dann wunderst du dich, dass du Single bist?
Senden

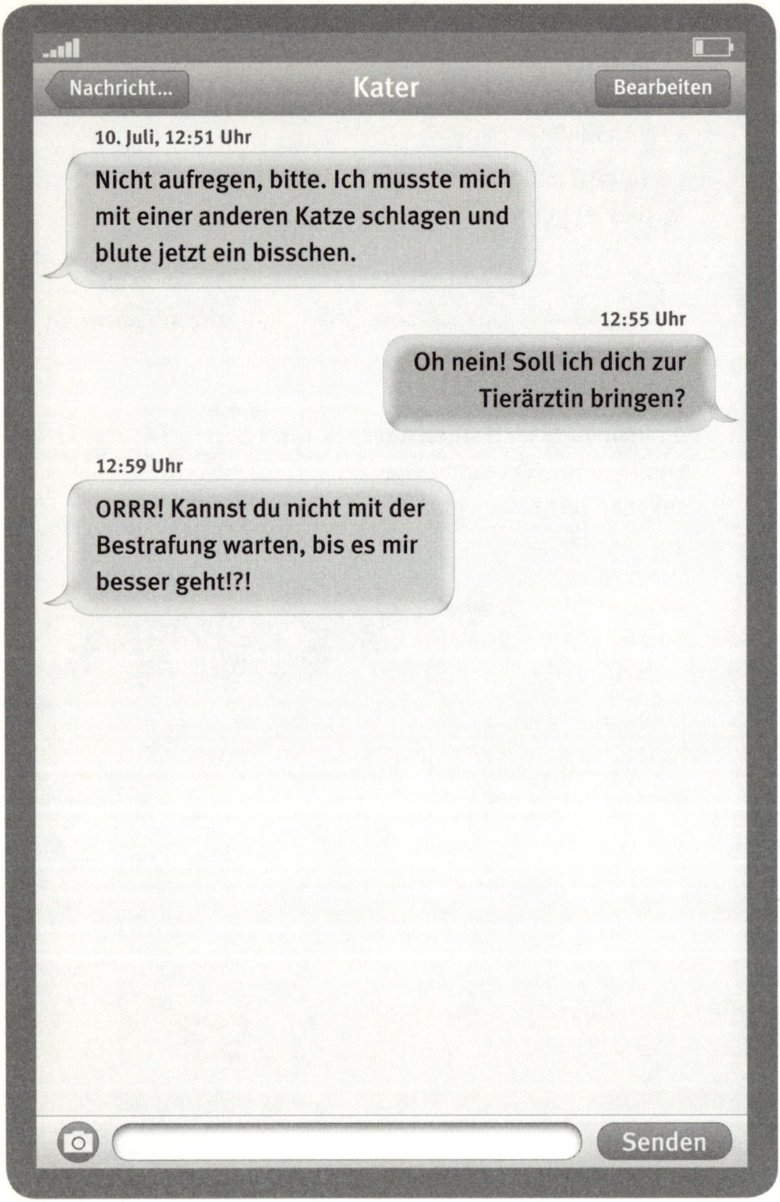
Nachricht...
Kater
Bearbeiten
10. Juli, 12:51 Uhr
Nicht aufregen, bitte. Ich musste mich mit einer anderen Katze schlagen und blute jetzt ein bisschen.
12:55 Uhr
Oh nein! Soll ich dich zur Tierärztin bringen?
12:59 Uhr
ORRR! Kannst du nicht mit der Bestrafung warten, bis es mir besser geht!?!
Senden

Nachricht... **Kater** Bearbeiten

13. Juli, 18:27 Uhr

Oh Mann, ich habe den ganzen Nachmittag Privatsender geguckt.

18:35 Uhr

Und? Hast du dich unterhalten?

18:42 Uhr

Sagen wir es so: Sollten wir Katzen uns doch noch entschließen, die Weltherrschaft zu ergreifen, wird es ein Leichtes werden.

Senden

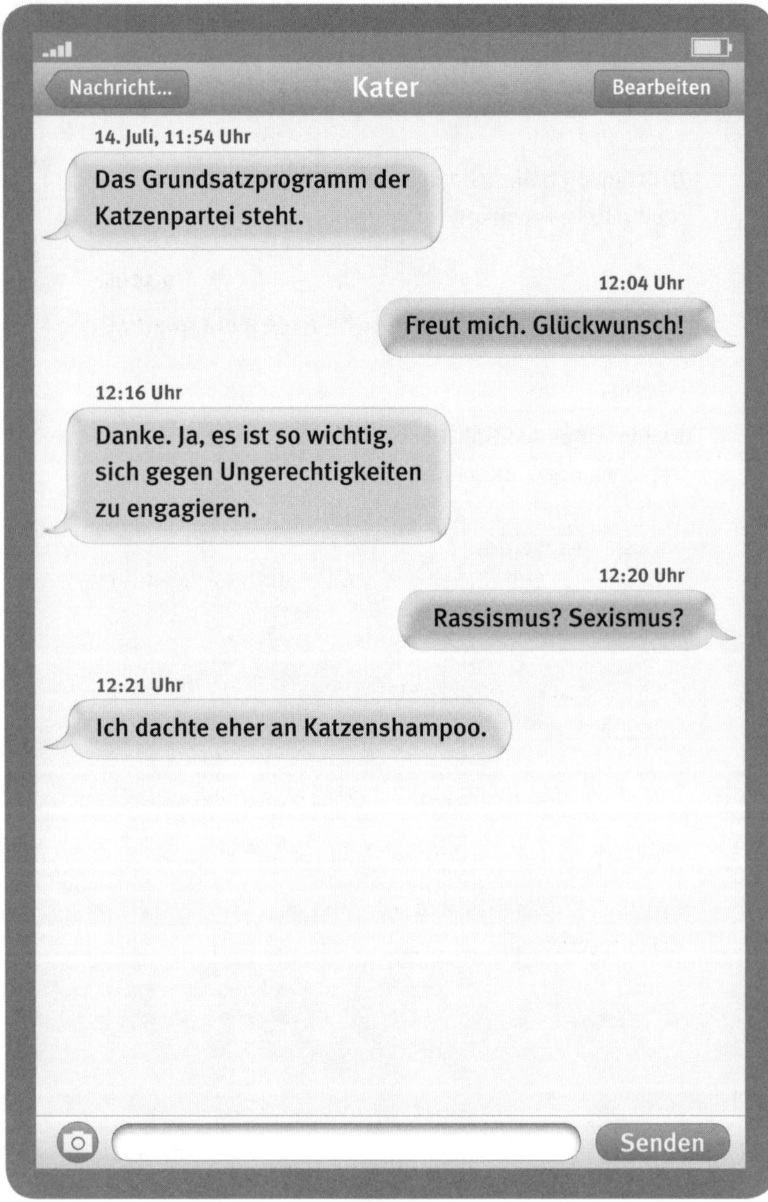
Nachricht...
Kater
Bearbeiten
14. Juli, 11:54 Uhr
Das Grundsatzprogramm der Katzenpartei steht.
12:04 Uhr
Freut mich. Glückwunsch!
12:16 Uhr
Danke. Ja, es ist so wichtig, sich gegen Ungerechtigkeiten zu engagieren.
12:20 Uhr
Rassismus? Sexismus?
12:21 Uhr
Ich dachte eher an Katzenshampoo.
Senden

Nachricht... **Kater** Bearbeiten

16. Juli, 9:53 Uhr

Ich wünsche dir einen schönen Tag im Büro!

9:56 Uhr

Was hast du angestellt?

9:58 Uhr

Nichts. Darf ich nicht mal freundlich sein?

10:02 Uhr

Was hast du angestellt?

10:06 Uhr

Deine Unterstellung verletzt mich.

10:08 Uhr

Was hast du angestellt?

10:12 Uhr

Nichts! Der Wäscheständer fiel von selbst um.

Senden

Nachricht... **Kater** Bearbeiten

17. Juli, 19:15 Uhr

Hör zu, ich werde nicht wieder-
kommen. Sei bitte nicht traurig.
Wir beide wussten, dass es
einmal so enden würde.

19:23 Uhr

Die Nachbarin hat mich angerufen
und mich gebeten, dich aus ihrem
Wohnzimmer zu holen.

19:26 Uhr

Warum?!? Habe ich ihr nicht
niedlich genug geguckt?

19:28 Uhr

Nein. Sie hat wohl gemerkt, dass
du sie nur wegen ihrer Ledercouch
wolltest.

Senden

Nachricht... **Kater** Bearbeiten

18. Juli, 16:21 Uhr

Oh Gott, ist mir elend! Iss die Pilze, sagten sie, die schmecken wie Hühnchen. Ich sage dir eins: Vertraue keinen Elstern! Niemals.

16:37 Uhr

Und sage dem grünen Bernhardiner bitte, er soll meine Ohren loslassen.

Senden

Nachricht... **Kater** Bearbeiten

21. Juli, 14:52 Uhr

Wusstest du, dass es Goldfische gibt, die Koi heißen?

14:58 Uhr

Ja.

15:05 Uhr

Geschmacklich ist das aber kein Unterschied.

Senden

Nachricht... **Kater** Bearbeiten

23. Juli, 18:49 Uhr

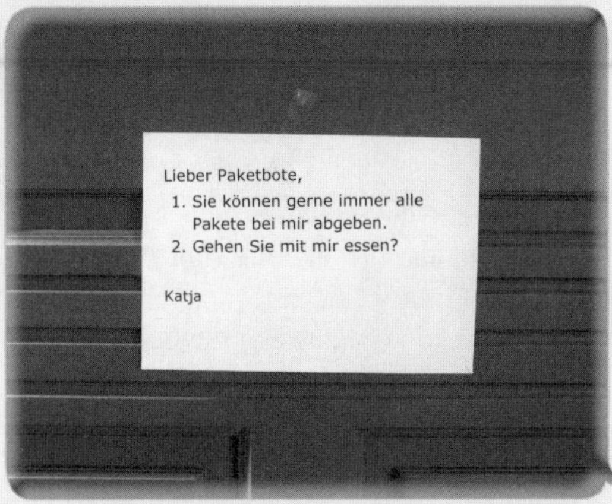

Nicht witzig! Überhaupt nicht witzig!

18:59 Uhr

Ich habe es nur gut gemeint!

19:13 Uhr

Hat er sich schon gemeldet?

Senden

Nachricht... **Kater** Bearbeiten

27. Juli, 19:46 Uhr

Ich habe heute noch gar keine SMS von dir bekommen. Alles ok?

19:50 Uhr

Ja, ich organisiere gerade eine Spendengala. Diese graue Welt braucht Charity Cat.

19:55 Uhr

Sehr löblich. Und für wen sammelst du?

20:01 Uhr

Für mich.

20:08 Uhr

Für wen denn sonst?

20:11 Uhr

Die Frage ergibt ja überhaupt keinen Sinn.

Senden

Nachricht... **Kater** Bearbeiten

29. Juli, 9:41 Uhr

Niemand wünscht sich so sehr wie ich, dass du bald einen Freund findest.

9:45 Uhr

Aaaww, wie niedlich!

9:49 Uhr

Oh ja. Die Aussicht, dass du dann endlich jemand anderen küsst, macht mich sehr, sehr glücklich.

Senden

Nachricht… **Kater** Bearbeiten

29. Juli, 15:04 Uhr

Puuh, der Hausmeister hat mir eben den Schrecken meines Lebens eingejagt.

15:08 Uhr

Was hat er gemacht?

15:12 Uhr

Er meinte, wir hätten ein Mäuseproblem. Aber ich habe nachgeguckt, es sind noch genug da.

Senden

Nachricht... **Kater** Bearbeiten

1. August, 22:51 Uhr

Vielleicht ist es doch gut, dass du keinen Freund hast.

22:57 Uhr

Wieso?

23:04 Uhr

Weil dir das nicht gefallen würde.

23:10 Uhr

Was meinst du?

23:14 Uhr

Ich habe mal ein bisschen gegoogelt, was Menschen dann so machen und vertrau mir einfach: Das wäre nichts für dich.

Senden

Nachricht... **Kater** Bearbeiten

2. August, 12:06 Uhr

Bürstest du mich?

12:14 Uhr

Ich bin im Büro.

12:15 Uhr

Es ist aber dringend.

12:17 Uhr

Ja, aber ich kann jetzt nicht.

12:18 Uhr

Ich habe Katzenstreu im Fell!!!

12:20 Uhr

Hör auf zu nerven!

12:22 Uhr

Dann schaff dir doch kein Tier an, wenn du dich nicht darum kümmern kannst!

Senden

Nachricht... **Kater** Bearbeiten

2. August, 18:50 Uhr

Komme gleich nach Hause. Bist du da?

18:52 Uhr

Ja, ich gucke «Findet Nemo» :)

18:56 Uhr

Gut, bis gleich. Aber Vorsicht: Ich bin sehr genervt.

19:01 Uhr

Von deinem Chef?

19:06 Uhr

Ja, er hat sich unglaublich benommen. Wie immer! Aber er kapiert es nicht.

19:10 Uhr

Hast du ihm denn mal in die Schuhe gepinkelt?

19:12 Uhr

Natürlich nicht!

19:14 Uhr

Aber wie soll er denn dann wissen, dass er was falsch macht?

Senden

Nachricht... **Kater** Bearbeiten

4. August, 17:03 Uhr

Voll im Stress! Ich muss noch 31 Newslettern antworten.

17:08 Uhr

Du musst doch keinen Newslettern antworten.

17:10 Uhr

Hallo? Schon mal was von guten Umgangsformen gehört?!?

17:11 Uhr

Es wundert mich nicht, dass du keinen Freund findest.

Senden

Nachricht... **Kater** Bearbeiten

6. August, 21:38 Uhr

Nur für den Fall, dass ich jemals wieder Freunde zu mir nach Hause einlade: Hör bitte auf, dir vor anderen Leuten immer den Hintern zu lecken.

21:44 Uhr

Du möchtest es vielleicht nicht gerne hören, aber deiner Freundin hat's imponiert. Das habe ich gesehen.

Senden

Nachricht… **Kater** Bearbeiten

7. August, 12:23 Uhr

Die «König der Löwen»-DVD liegt nicht im Rekorder. Weißt du, wo sie ist?

12:28 Uhr

Nein, tut mir leid. Aber hast du die nicht eh schon zehntausendmal gesehen?

12:33 Uhr

Ja. Aber die anderen Filme, die du hast, sind erst ab zwölf Jahren freigegeben.

Senden

Nachricht… **Kater** Bearbeiten

9. August, 18:12 Uhr

Du musst mir heute noch Füße und Kinn kraulen!

18:16 Uhr

Wie heißt das Zauberwort?

18:19 Uhr

Sonstpinkleichinsbesteckfach?

Senden

Nachricht... **Kater** Bearbeiten

12. August, 16.30 Uhr

Ich habe mir überlegt, wie wir Geld verdienen und du endlich deinen Job kündigen kannst.

16:39 Uhr

Na, da bin ich aber gespannt.

16:42 Uhr

Nur ein Wort: ILLEGALE CATNIPPLANTAGE!

16:46 Uhr

Das sind aber zwei Wörter.

16:48 Uhr

Wirklich? Ich mache mir hier Gedanken über unsere Zukunft und du zählst Wörter?!?

Senden

Nachricht... **Kater** Bearbeiten

13. August, 10:00 Uhr

Im Nachbarshof steht das größte Katzenklo der Welt!

10:04 Uhr

???

10:05 Uhr

Oh nein, du meinst doch nicht etwa den Sandkasten?!?

10:07 Uhr

DAS GRÖSSTE KATZENKLO DER WELT!

Senden

Nachricht... **Kater** Bearbeiten

13. August, 20:55 Uhr

Hast du irgendwo meinen Schlüssel gesehen? Ich finde ihn nicht mehr.

21:01 Uhr

Nein. Aber ich kann dir gerne helfen. Ich bin Jäger. Also, wenn du den Schlüssel finden willst, musst du erst mal denken wie ein Schlüssel.

21:04 Uhr

???

21:08 Uhr

Dann legst du dich auf die Lauer und wartest.

21:11 Uhr

Ich wusste, es war eine gute Idee, dich zu fragen.

21:13 Uhr

Keine Ursache!

Senden

Nachricht... **Kater** Bearbeiten

17. August, 10:40 Uhr

Kurze Frage.

10:42 Uhr

Was denn?

10:46 Uhr

Kindergeld ist so etwas wie Hundesteuer, oder?

Senden

Nachricht...

Kater

Bearbeiten

20. August, 19:52 Uhr

Es regnet immer noch. Ich habe aus lauter Frust schon 37 Leserkommentare und 19 Buchkritiken im Internet geschrieben.

19:56 Uhr

Was? Du kommentierst im Internet?

19:58 Uhr

Wer glaubst du, macht das sonst? Fast alles wird von Haustieren geschrieben.

20:01 Uhr

Oh Mann ...

20:04 Uhr

Die am schlechtesten gelaunten Kommentatoren sind immer Chihuahuas.

20:08 Uhr

Aber wen wundert das?

Senden

Nachricht... **Kater** Bearbeiten

22. August, 8.43 Uhr

Wo ist der große Regenschirm, der gestern noch im Flur stand?

8:46 Uhr

Den habe ich zurückgebracht, der war nur ausgeliehen.

8:48 Uhr

WAS?! DER GEHÖRT MIR! >:(

8:52 Uhr

Stimmt doch gar nicht.

8:53 Uhr

Ich habe meinen Kopf an ihm gerieben. Er ist meins!!!

8:55 Uhr

An mir reibst du auch dauernd deinen Kopf und ich gehöre dir nicht.

8:59 Uhr

Aber nein, natürlich nicht. Bringst du mir später Essen und machst mein Klo sauber?

Senden

Nachricht... **Kater** Bearbeiten

22. August, 15:02 Uhr

Ich liebe dieses Seifenblasen-Computerspiel, aber irgendwie finde ich nie meinen Punktestand. Seltsam.

15:04 Uhr

Das ist der Bildschirmschoner.

Senden

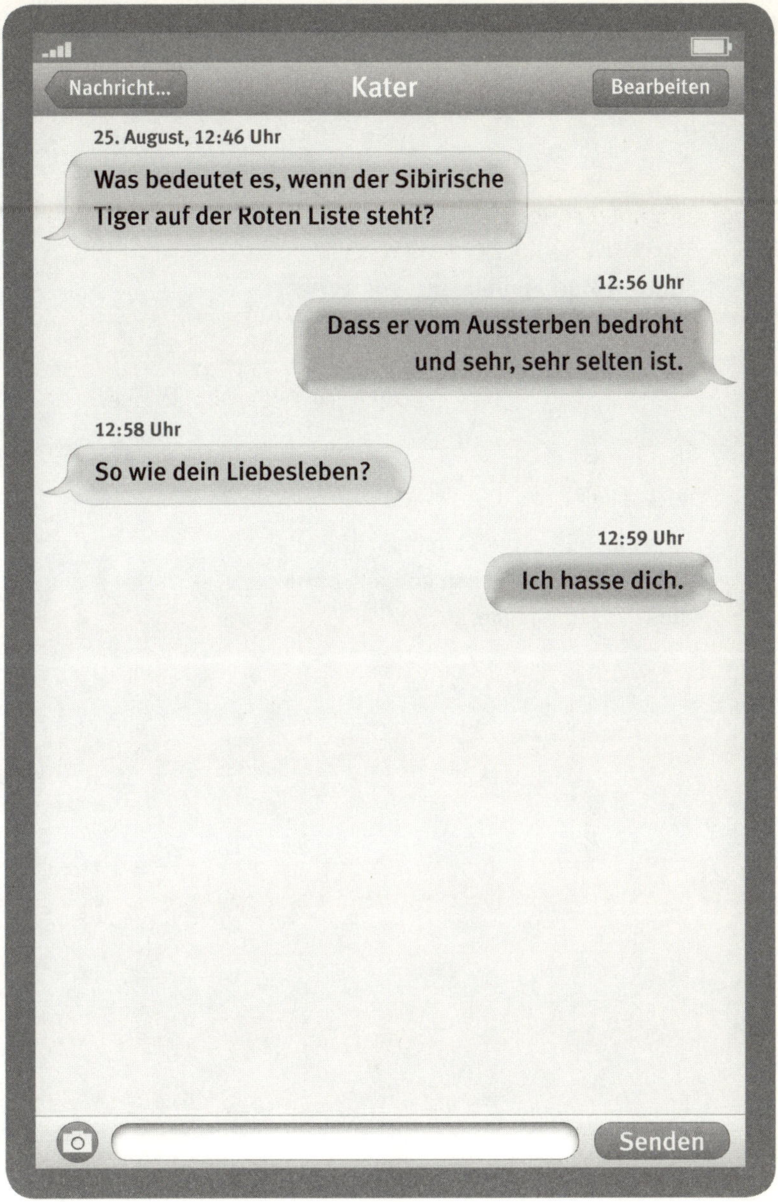
Nachricht...
Kater
Bearbeiten
25. August, 12:46 Uhr
Was bedeutet es, wenn der Sibirische Tiger auf der Roten Liste steht?
12:56 Uhr
Dass er vom Aussterben bedroht und sehr, sehr selten ist.
12:58 Uhr
So wie dein Liebesleben?
12:59 Uhr
Ich hasse dich.
Senden

Nachricht... Kater Bearbeiten

28. August, 21:39 Uhr

Es ist schon spät. Wo bleibst du?

21:44 Uhr

Bin mit Marty unterwegs. Wir warten, dass der Supermarkt zumacht.

21:52 Uhr

Wieso?

21:59 Uhr

Er weiß, wie wir reinkommen und alle Butterstücke anlecken können, ohne dass es jemand merkt.

Senden

Nachricht... **Kater** Bearbeiten

29. August, 9:29 Uhr

Mein Chef fragte mich gerade, ob ich Autoaggressionen hätte. Haha, der hat wohl noch nie Katzenkratzspuren gesehen.

9:35 Uhr

Oder er hat sich endlich mal eine der E-Mails zu Herzen genommen, die ich ihm geschrieben habe.

9:37 Uhr

Wie bitte?!?

9:40 Uhr

Ich meine es nur gut!

Senden

Nachricht... **Kater** Bearbeiten

31. August, 13:23 Uhr

<3 <3 <3 <3 <3 <3 <3 <3 <3 <3

13:26 Uhr

Küsschen!!

13:33 Uhr

Pfui Teufel. Ich wollte dich lediglich an die Hühnerherzen erinnern ›:(

Senden

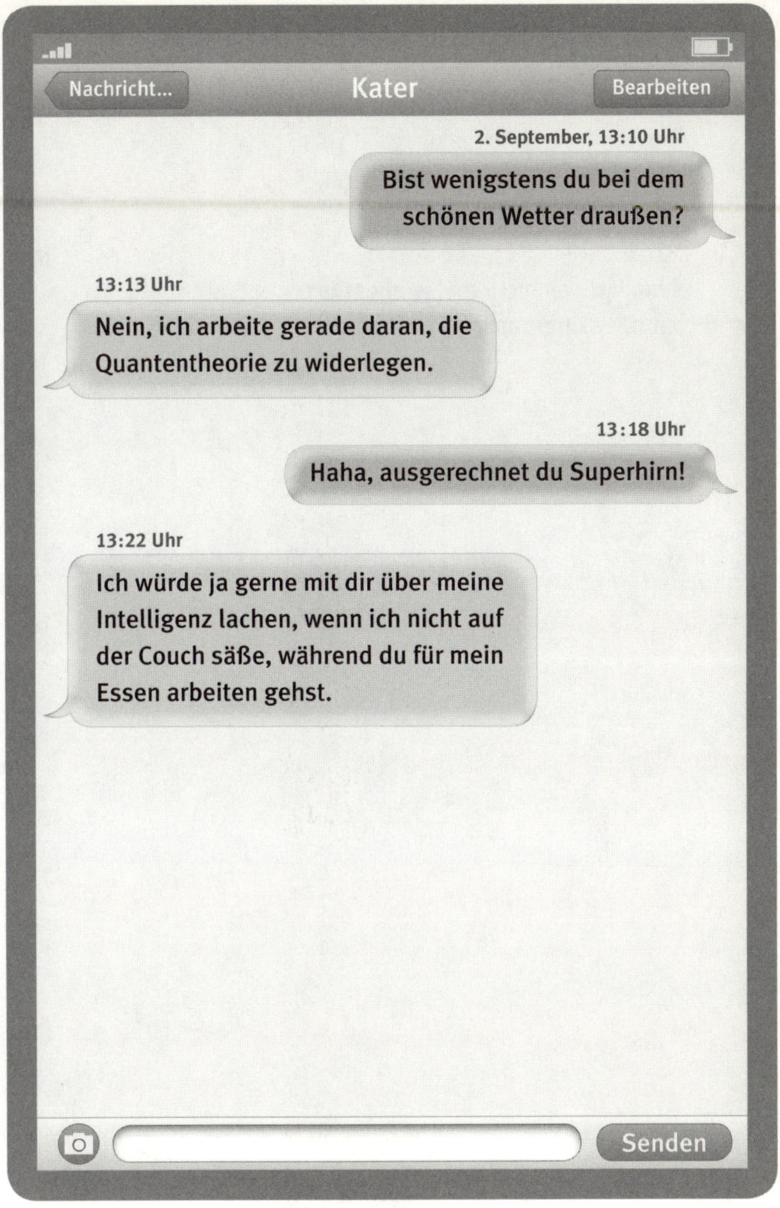
Nachricht...
Kater
Bearbeiten
2. September, 13:10 Uhr
Bist wenigstens du bei dem schönen Wetter draußen?
13:13 Uhr
Nein, ich arbeite gerade daran, die Quantentheorie zu widerlegen.
13:18 Uhr
Haha, ausgerechnet du Superhirn!
13:22 Uhr
Ich würde ja gerne mit dir über meine Intelligenz lachen, wenn ich nicht auf der Couch säße, während du für mein Essen arbeiten gehst.
Senden

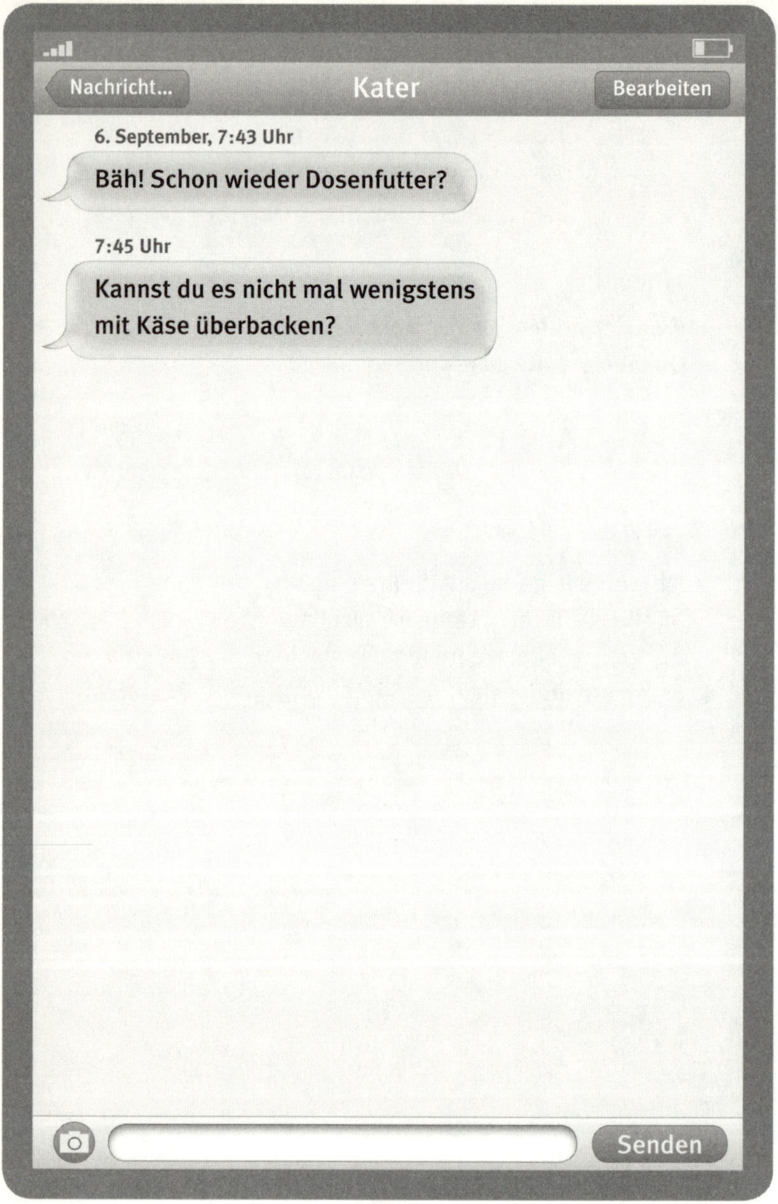
Nachricht...
Kater
Bearbeiten
6. September, 7:43 Uhr
Bäh! Schon wieder Dosenfutter?
7:45 Uhr
Kannst du es nicht mal wenigstens mit Käse überbacken?
Senden

Nachricht... **Kater** Bearbeiten

7. September, 16:50 Uhr

Kannst du mir bitte, bitte einen riesigen Kratzbaum schenken?

16:55 Uhr

Nein. Wieso? Du schenkst mir auch nie was.

16:58 Uhr

Natürlich! Allein diesen Sommer zwei Spatzen, eine Amsel und neun Mäuse.

17:01 Uhr

Es waren zum Glück nur fünf Mäuse und zwei Spatzen.

17:23 Uhr

Du hast wohl schon länger nicht unter die Couch geguckt, was?

Senden

Nachricht...
Kater
Bearbeiten
9. September, 15:44 Uhr
Ich hasse diese Nachbarin mit dem Motorrad!
15:49 Uhr
Du hasst ja alle Menschen.
15:51 Uhr
Das stimmt nicht. Ein paar mag ich.
15:55 Uhr
Ach ja? Und wen?
15:58 Uhr
Dich und den Paketboten.
16:01 Uhr
Und Darth Vader!
Senden

Nachricht... **Kater** Bearbeiten

10. September, 19:53 Uhr

Ich habe fertig gesaugt. Wo bist du?

19:56 Uhr

In einem sicheren Versteck, wo mich das Böse hoffentlich nie finden wird.

20:01 Uhr

Hör auf zu dramatisieren und komm raus.

20:03 Uhr

Ich dramatisiere gar nicht. Ich schreibe Abschiedsbriefe.

Senden

Nachricht...

Kater

Bearbeiten

11. September, 14:00 Uhr

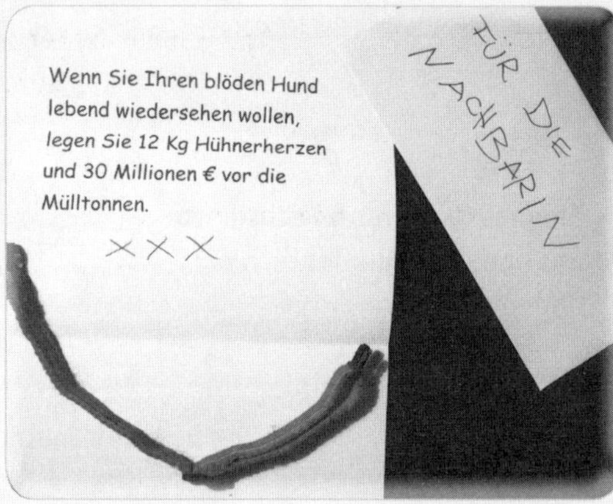

Warst du das?!?

14:03 Uhr

Was hat mich verraten?

Senden

Nachricht… **Kater** Bearbeiten

12. September, 18:11 Uhr

Treffe mich mit einer Freundin, komme später.

18:14 Uhr

Freundschaften sind schwer zu pflegen, ne?

18:18 Uhr

Äh … wieso?

18:22 Uhr

Naja, immerhin muss man dafür Kontakt mit anderen Leuten haben.

Senden

Nachricht… **Kater** Bearbeiten

13. September, 14:04 Uhr

Der Tierschutzbund hat einen anonymen Hinweis erhalten, dass ich in deinen Wassernapf mache.

14:08 Uhr

Ist ja auch so. Schön, dass sich endlich mal jemand dieses Problems annimmt.

14:10 Uhr

DU TRINKST AUS MEINER TOILETTE, FREUNDCHEN!!!

Senden

Nachricht... **Kater** Bearbeiten

16. September, 17:22 Uhr

Amerikanische Wissenschaftler haben herausgefunden, dass du keinen Freund hast!

17:26 Uhr

Witzig.

17:32 Uhr

Als Ursache hierfür nennen sie deine Frisur.

17:40 Uhr

Nerv mich nicht!

17:41 Uhr

Eine Forschergruppe aus China vermutet allerdings einen Zusammenhang mit der Tatsache, dass du deinem Kater SMS schreibst.

17:41 Uhr

>:(

Senden

Nachricht... **Kater** Bearbeiten

17. September, 12:41 Uhr

Bist du im Büro?

12:46 Uhr

Wo sonst?

12:49 Uhr

Hast du es gut! Ich liege im Hof und muss mich alle zwei Stunden bewegen, um nicht im Schatten zu liegen.

12:52 Uhr

Ich hasse mein Leben! :(

Senden

Nachricht...

Kater

Bearbeiten

22. September, 22:19 Uhr

Weißt du was? Meine Vorfahren waren Säbelzahntiger, deine Vorfahren waren Affen. Vielleicht haben meine Ahnen deine gefressen.

22:23 Uhr

Haha, und jetzt musst du warten, bis ich dir Dosen aufmache, und hast Angst vor Staubsaugern. Du bist ein echter Evolutionsverlierer.

22:25 Uhr

Immerhin haben wir gelernt, wie man Vasen neben Laptops umschmeißt.

22:26 Uhr

ARGH.

Senden

Nachricht… **Kater** Bearbeiten

25. September, 21:52 Uhr

Dein Musikgeschmack ist erbärmlich. Du hast überhaupt keine CDs, die mir gefallen.

21:53 Uhr

Ich dachte, Katzen mögen Klassik.

21:55 Uhr

Ich bitte dich, für wie langweilig hältst du uns? Wir stehen ausnahmslos auf Justin Bieber.

21:58 Uhr

Niemand steht auf Justin Bieber. Es ist mir ein Rätsel, wie der so groß werden konnte.

22:01 Uhr

Du vergisst, wie leicht wir an eure Kreditkarteninfos kommen.

Senden

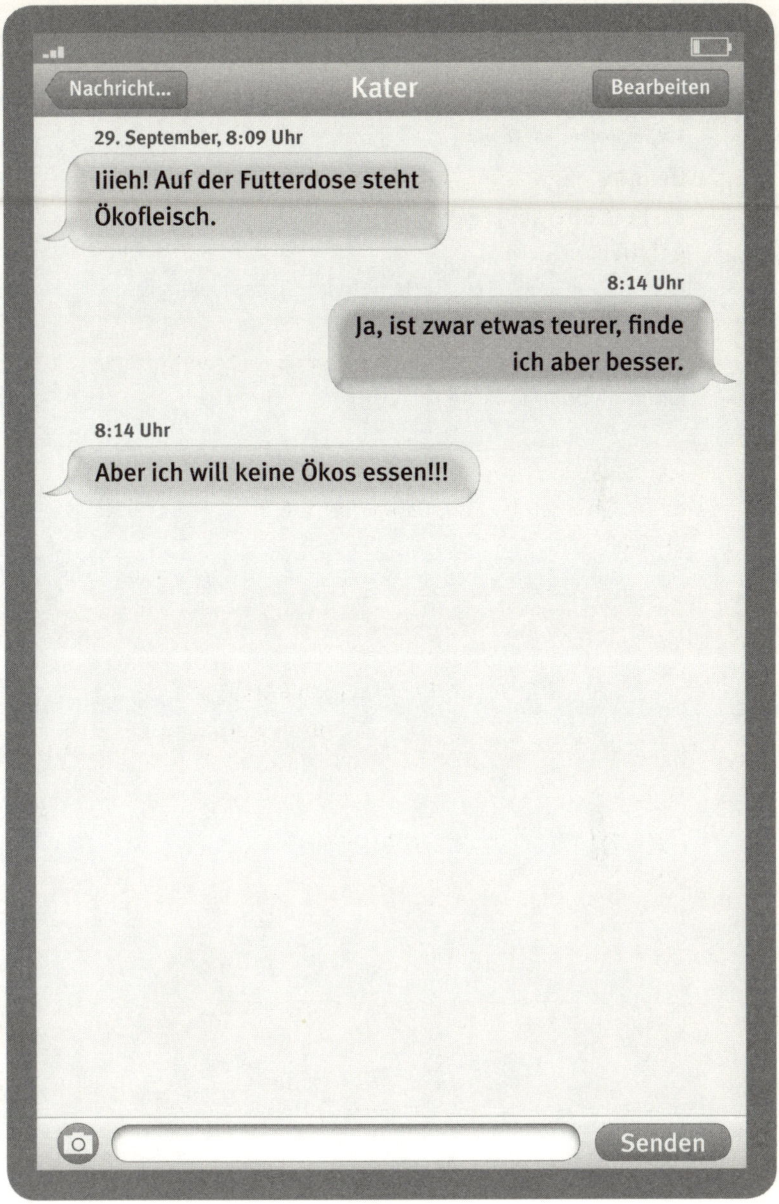
Nachricht...
Kater
Bearbeiten
29. September, 8:09 Uhr
Iiieh! Auf der Futterdose steht Ökofleisch.
8:14 Uhr
Ja, ist zwar etwas teurer, finde ich aber besser.
8:14 Uhr
Aber ich will keine Ökos essen!!!
Senden

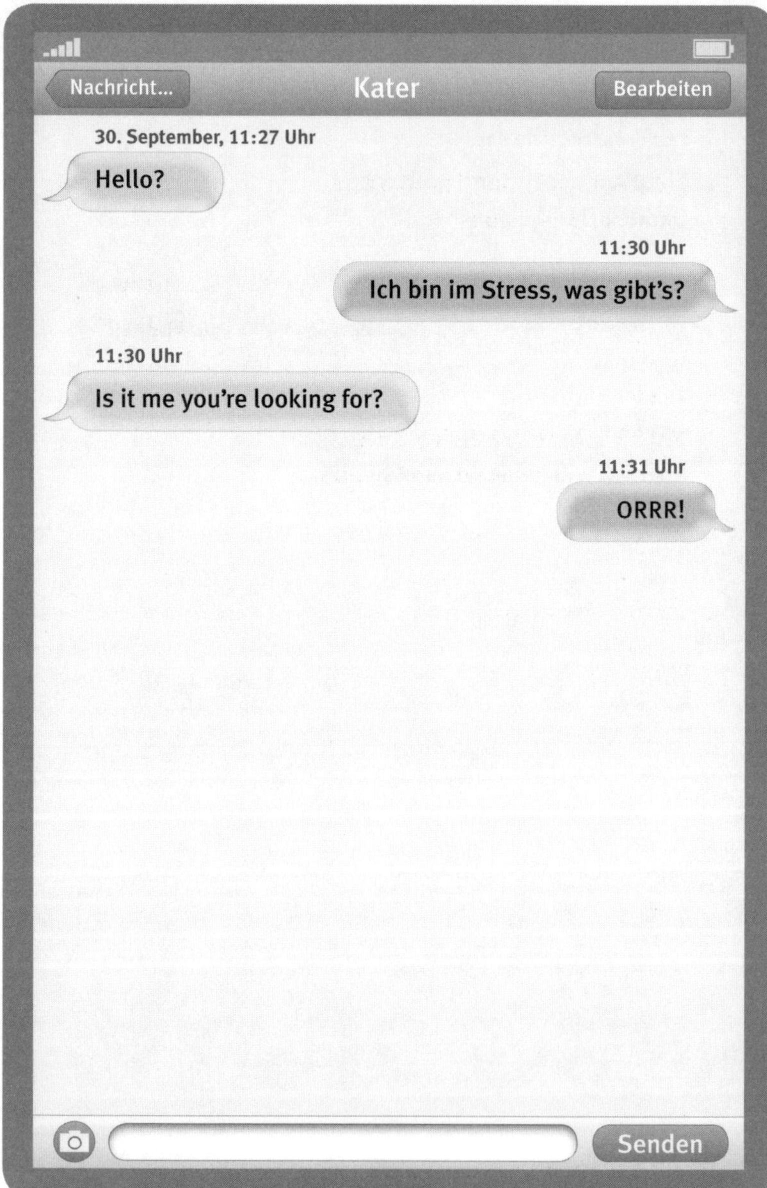
Nachricht...
Kater
Bearbeiten
30. September, 11:27 Uhr
Hello?
11:30 Uhr
Ich bin im Stress, was gibt's?
11:30 Uhr
Is it me you're looking for?
11:31 Uhr
ORRR!
Senden

Nachricht... **Kater** Bearbeiten

4. Oktober, 15:33 Uhr

Menschen, die sich lieben, schreiben einander Briefe oder?

15:52 Uhr

Ja. Warum?

15:54 Uhr

Naja, vielleicht wird dich am Ende wenigstens das Finanzamt heiraten.

Senden

Nachricht... **Kater** Bearbeiten

5. Oktober, 8:35 Uhr

DA LIEGT TROCKENFUTTER IN MEINEM NAPF!?!

8:36 Uhr

Probiere es doch erst einmal.

8:37 Uhr

Da kannst du mir ja gleich Styropor geben.

8:39 Uhr

Jetzt übertreib mal nicht.

8:40 Uhr

Oder Murmeln.

8:45 Uhr

Oder füttere mich doch mit kalten Kieselsteinen, die du am Wegesrand findest! Und dann verscharre mich außerhalb der Stadt.

8:48 Uhr

In Ordnung, die Botschaft ist angekommen!

Senden

Nachricht... **Kater** Bearbeiten

7. Oktober, 18:20 Uhr

Komme heute später. Die blöde Arbeit hält mich auf :(

18:28 Uhr

Nicht mehr lange. Ich will noch nicht zu viel verraten, aber ich arbeite an finanziell äußerst attraktiven Projekten mit Hongkong und Nigeria.

18:28 Uhr

Hongkong und Nigeria?!?

18:32 Uhr

Ja, ich habe jetzt Geschäftspartner.

18:33 Uhr

Bitte sag mir, dass das nicht stimmt!

18:34 Uhr

Oh Mann, und ich wette, du wirst die erste sein, die etwas von meinen 440 Milliarden Dollar abhaben will!

Senden

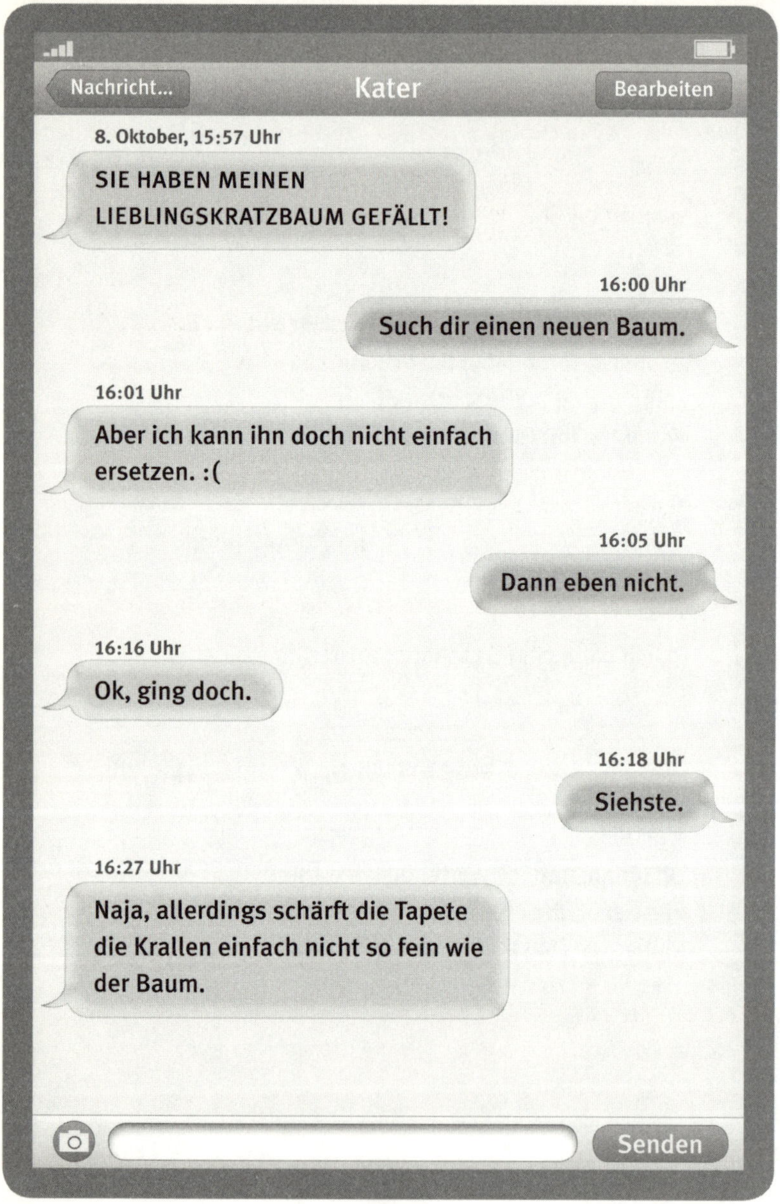
Nachricht...
Kater
Bearbeiten
8. Oktober, 15:57 Uhr
SIE HABEN MEINEN LIEBLINGSKRATZBAUM GEFÄLLT!
16:00 Uhr
Such dir einen neuen Baum.
16:01 Uhr
Aber ich kann ihn doch nicht einfach ersetzen. :(
16:05 Uhr
Dann eben nicht.
16:16 Uhr
Ok, ging doch.
16:18 Uhr
Siehste.
16:27 Uhr
Naja, allerdings schärft die Tapete die Krallen einfach nicht so fein wie der Baum.
Senden

Nachricht... **Kater** Bearbeiten

9. Oktober, 15:45 Uhr

Marty hat Lust auf Barbecue. Dürfen wir deinen Grill benutzen?

15:45 Uhr

Um Gottes willen! Ihr macht auf gar keinen Fall Feuer.

15:57 Uhr

Ok. Hat sich eh schon erledigt. Die Nacktschnecken fallen immer durch den Rost.

Senden

Nachricht... **Kater** Bearbeiten

10. Oktober, 15:27 Uhr

Es wird dich freuen: Die Familie mit den kleinen Kindern zieht aus.

15:29 Uhr

Ich weiß. Er hat ein Alkoholproblem und sie einen anderen.

15:32 Uhr

Du sollst die Nachbarn nicht belauschen!

15:33 Uhr

Ich belausche sie gar nicht und wenn du ab und zu mal die Mülltonnen durchsehen würdest, wüsstest du auch, was um dich herum so passiert.

Senden

Nachricht... **Kater** Bearbeiten

13. Oktober, 16:13 Uhr

Ich hasse ihn!

16:14 Uhr

Wen?

16:15 Uhr

Den idiotischen Nachbarn. Der ist schon wieder mit seinem Laubbläser unterwegs.

16:16 Uhr

Ach komm, entspann dich.

16:18 Uhr

Wie soll ich mich bitteschön entspannen, wenn ich wegen des Lärms nur 17 Stunden Schlaf am Tag bekomme? Ich bin völlig gerädert!

Senden

Nachricht... **Kater** Bearbeiten

14. Oktober, 13:57 Uhr

Meine Kollegin schwärmt den ganzen Tag von ihrer süßen dauerschnurrenden Katze. Warum schnurrst du eigentlich nie?

14:00 Uhr

Nur Volltrottel schnurren.

14:01 Uhr

Stimmt doch gar nicht. Alle Katzen machen das.

14:02 Uhr

Eben.

Senden

Nachricht... **Kater** Bearbeiten

17. Oktober, 17:40 Uhr

Ich habe Bambi gesehen und bin jetzt so traurig :(((

17:43 Uhr

Armer Kater! Weil die Mama gestorben ist?

17:44 Uhr

Nein, weil ich so einen Appetit auf Kaninchen bekommen habe und nirgendwo eins finden kann.

17:44 Uhr

Natürlich ...

Senden

Nachricht... **Kater** Bearbeiten

18. Oktober, 18:53 Uhr

Du hast schon wieder neben das Klo gepinkelt! Ich weiß nicht, wer das Gerücht in die Welt gesetzt hat, dass Katzen so schlau sind.

18:58 Uhr

Du unterschätzt unser Geheimwissen!

19:01 Uhr

Was bitte schön habt ihr für ein Geheimwissen?

19:04 Uhr

Zum Beispiel wie es unter euren Schränken aussieht!

19:04 Uhr

Seufz.

Senden

Nachricht... **Kater** Bearbeiten

20. Oktober, 16:56 Uhr

Oh mein Gott, an deinem Tagebuch werde ich ewig redigieren müssen.

16:56 Uhr

Wie bitte?

17:04 Uhr

Es ist totsterbenslangweilig. Marty ist schon nach der dritten Januarwoche eingeschlafen.

17:05 Uhr

Hände weg! So ist nun mal mein Leben!

17:05 Uhr

Ja, aber das muss doch nicht jeder wissen.

Senden

Nachricht... **Kater** Bearbeiten

22. Oktober, 19:03 Uhr

Die Kosmetikindustrie lügt!

19:04 Uhr

Wie kommst du darauf?

19:06 Uhr

Auf deinem Shampoo steht «Mit Anti-Schwerkraft-Formel». Ich sage mal so: Hoffentlich haben sie es so wie ich zuerst an Vasen getestet und nicht an Tieren.

Senden

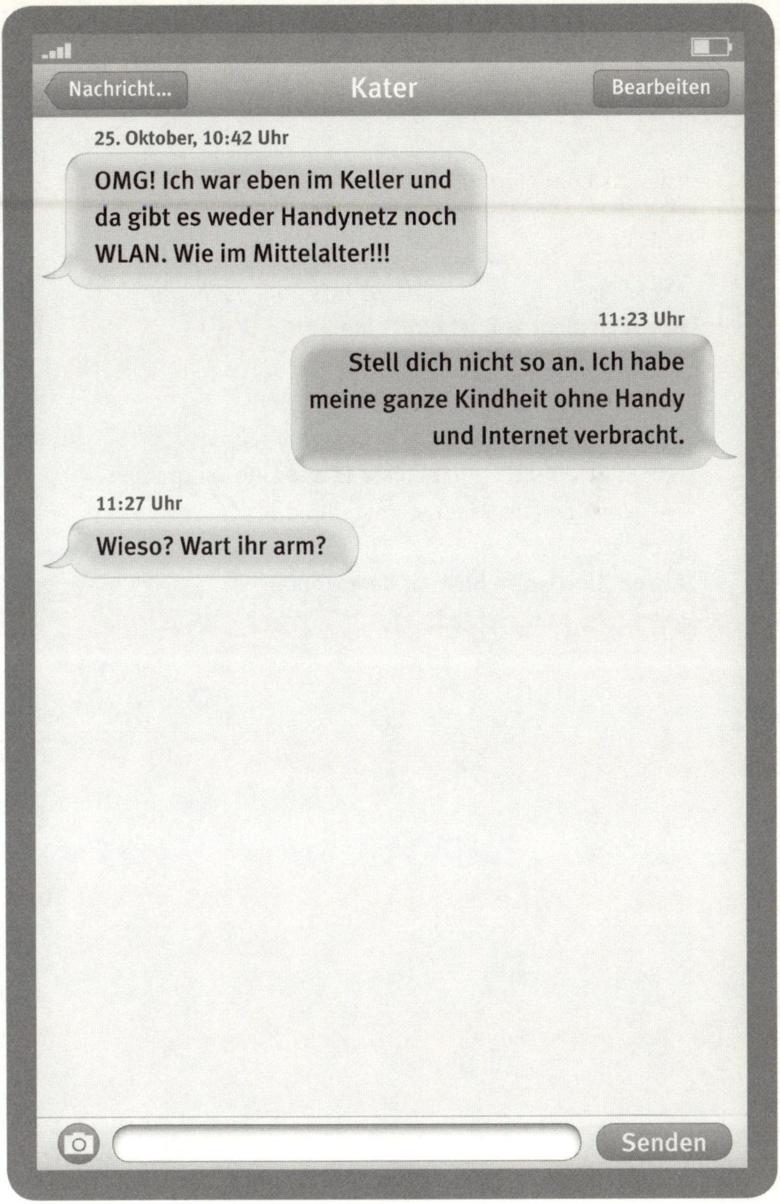

Nachricht...
Kater
Bearbeiten
25. Oktober, 10:42 Uhr
OMG! Ich war eben im Keller und da gibt es weder Handynetz noch WLAN. Wie im Mittelalter!!!
11:23 Uhr
Stell dich nicht so an. Ich habe meine ganze Kindheit ohne Handy und Internet verbracht.
11:27 Uhr
Wieso? Wart ihr arm?
Senden

Nachricht... **Kater** Bearbeiten

26. Oktober, 19:03 Uhr

Iiieh, was ist das wieder für eine Sauerei in der Küche?

19:04 Uhr

Reg dich nicht auf, ist bloß eine Spielzeugmaus.

19:04 Uhr

Nein, das war eine echte Maus.

19:05 Uhr

Ah, ok. Und worin besteht da nochmal genau der Unterschied?

Senden

Nachricht… **Kater** Bearbeiten

28. Oktober, 15:24 Uhr

Hör zu, ich habe ein kleines Problem und bräuchte deine Hilfe.

15:26 Uhr

Was hast du jetzt wieder angestellt?

15:26 Uhr

Ich habe überhaupt nichts angestellt. Ich wollte nur etwas erforschen.

15:27 Uhr

Was wolltest du erforschen?

15:28 Uhr

Wo die kleinen Päckchen herkommen.

15:28 Uhr

Und jetzt?

15:28 Uhr

Jetzt sitze ich in der scheiß Packstation und komme nicht mehr raus. :(

Senden

Nachricht... **Kater** Bearbeiten

30. Oktober, 21:22 Uhr

Argh, morgen ist Halloween und ich fürchte mich jetzt schon.

21:54 Uhr

Brauchst du nicht. Es gibt keine Geister.

21:56 Uhr

Scheiß auf die Geister, aber es werden kleine Kinder klingeln :(

Senden

Nachricht... **Kater** Bearbeiten

2. November, 12:53 Uhr

So richtig verstehe ich das Anliegen von PETA nicht.

12:53 Uhr

Die wollen Tiere schützen.

12:54 Uhr

Schon klar. Aber warum ausgerechnet vor nackten Frauen?

Senden

Nachricht... **Kater** Bearbeiten

5. November, 23:11 Uhr

Du solltest jetzt für deine Freundin da sein, wenn sie kein Fleisch mehr essen kann.

23:15 Uhr

Sie möchte kein Fleisch mehr essen. Aber woher weißt du das?

23:19 Uhr

Weil sie es dir heute ungefähr dreihundertfünfzigmal erzählt hat.

23:19 Uhr

Du übertreibst.

23:20 Uhr

Nein. Aber ich finde das gut. Man soll ja über seine Probleme reden.

Senden

Nachricht... **Kater** Bearbeiten

6. November, 13:48 Uhr

OH NEIN! Der Strom ist ausgefallen!
Tu was!!!!

13:55 Uhr

Da kann ich doch nichts machen. Nur
Geduld, dauert sicher nicht lange.

13:55 Uhr

Aber ich grusele mich so sehr!

13:59 Uhr

Keine Angst, was soll denn passieren?

14:00 Uhr

Im Internet steht, dass nach
Stromausfällen immer Babys
kommen. Mach was dagegen!!

Senden

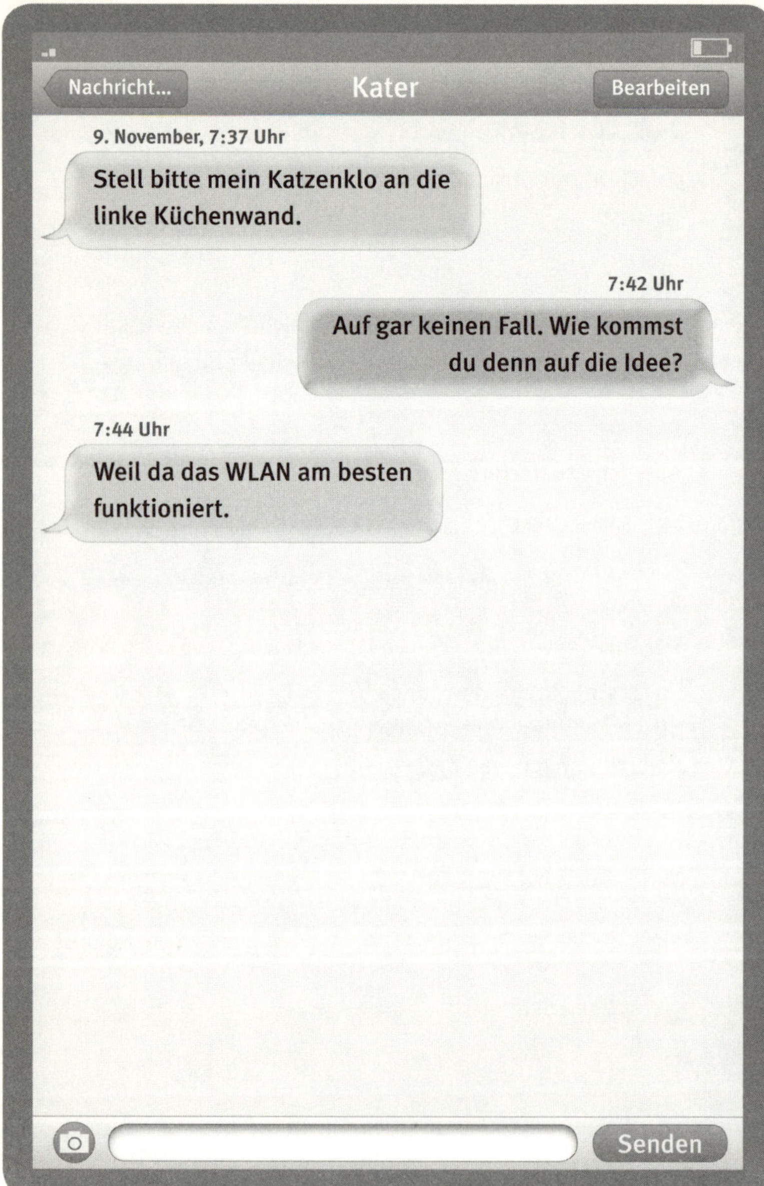
Nachricht...
Kater
Bearbeiten
9. November, 7:37 Uhr
Stell bitte mein Katzenklo an die linke Küchenwand.
7:42 Uhr
Auf gar keinen Fall. Wie kommst du denn auf die Idee?
7:44 Uhr
Weil da das WLAN am besten funktioniert.
Senden

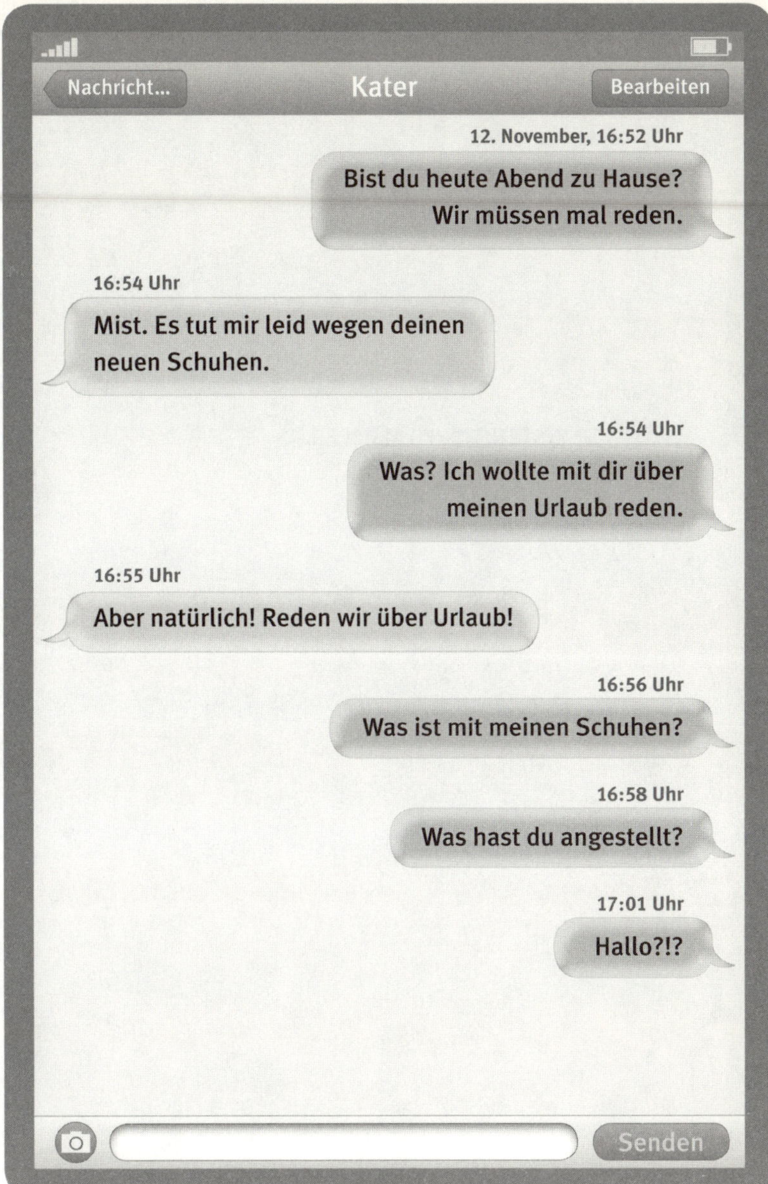
Nachricht...
Kater
Bearbeiten
12. November, 16:52 Uhr
Bist du heute Abend zu Hause? Wir müssen mal reden.
16:54 Uhr
Mist. Es tut mir leid wegen deinen neuen Schuhen.
16:54 Uhr
Was? Ich wollte mit dir über meinen Urlaub reden.
16:55 Uhr
Aber natürlich! Reden wir über Urlaub!
16:56 Uhr
Was ist mit meinen Schuhen?
16:58 Uhr
Was hast du angestellt?
17:01 Uhr
Hallo?!?
Senden

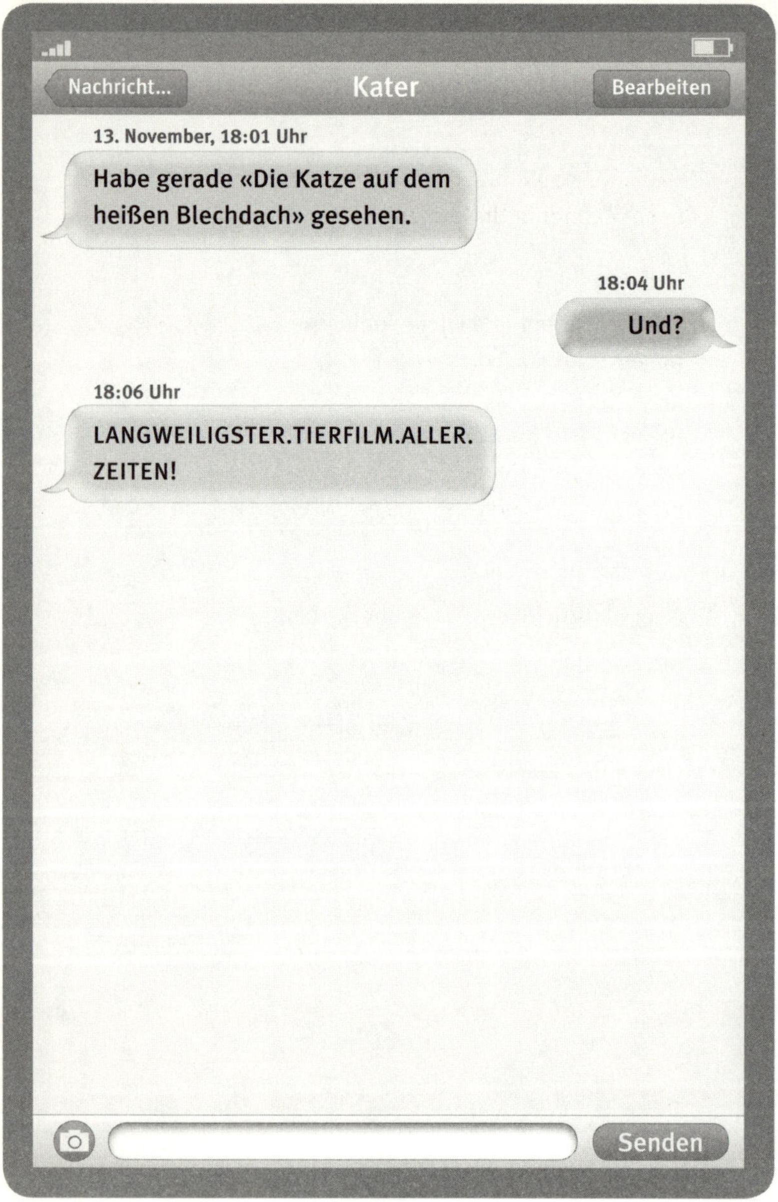
Nachricht...
Kater
Bearbeiten
13. November, 18:01 Uhr
Habe gerade «Die Katze auf dem heißen Blechdach» gesehen.
18:04 Uhr
Und?
18:06 Uhr
LANGWEILIGSTER.TIERFILM.ALLER.ZEITEN!
Senden

Nachricht... **Kater** Bearbeiten

15. November, 17:06 Uhr

Sag mal, magst du eigentlich immer noch Männer in Uniformen?

17:11 Uhr

Ein bisschen. Wieso?

17:13 Uhr

Schön! Dann freust du dich vielleicht, wenn du nach Hause kommst. Ich habe nämlich versucht, zu kochen.

Senden

Nachricht… **Kater** Bearbeiten

16. November, 12:44 Uhr

Wo steckst du?

12:50 Uhr

Bin auf dem Weg zur Beerdigung meines ehemaligen Chefs.

12:51 Uhr

Oh, doof. Ist er richtig tot?

12:52 Uhr

Was meinst du mit richtig?

12:54 Uhr

Naja, manchmal funktionieren sie wieder, wenn man ihnen ein paar Mal auf den Kopf haut.

Senden

Nachricht... **Kater** Bearbeiten

18. November, 12:30 Uhr

Also ich verstehe die Sache mit dem Klopapier nicht.

12:31 Uhr

Was ist daran so schwer? Das nimmt man, nachdem man auf Toilette war.

12:33 Uhr

Ja, das habe ich kapiert. Aber es schmeckt scheußlich und bleibt immer am Gaumen kleben.

Senden

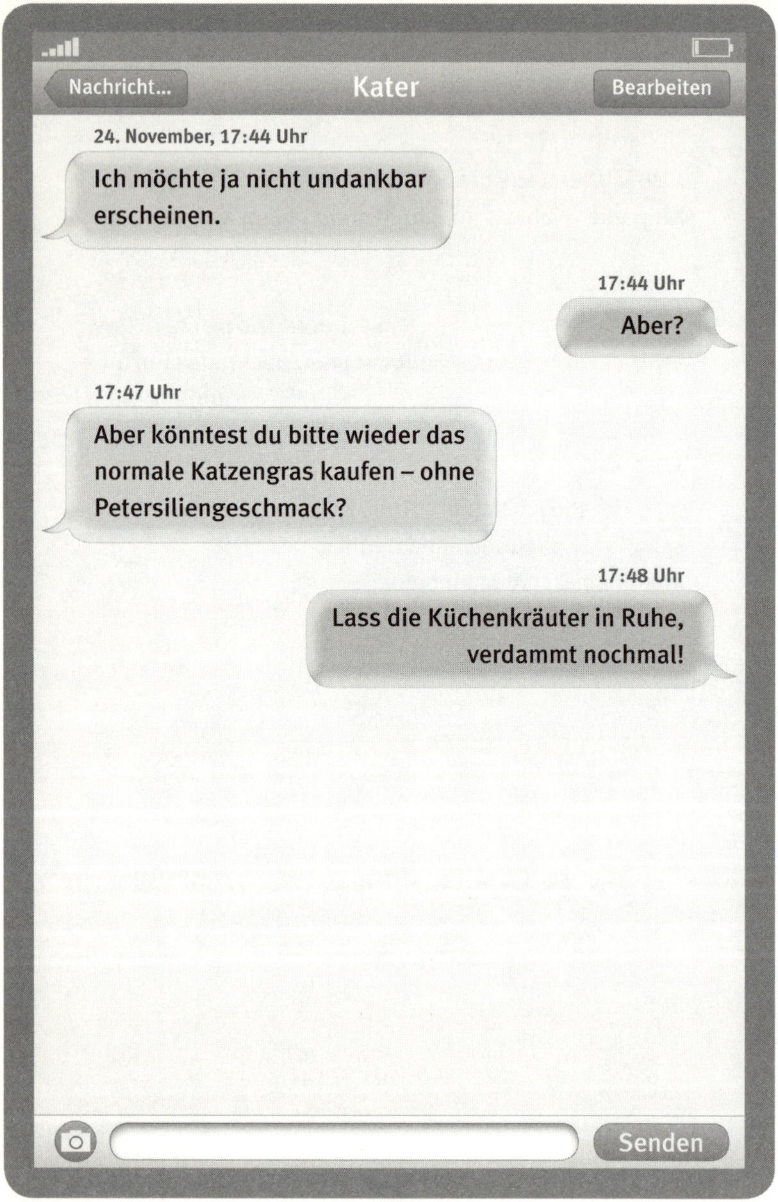
Nachricht...
Kater
Bearbeiten
24. November, 17:44 Uhr
Ich möchte ja nicht undankbar erscheinen.
17:44 Uhr
Aber?
17:47 Uhr
Aber könntest du bitte wieder das normale Katzengras kaufen – ohne Petersiliengeschmack?
17:48 Uhr
Lass die Küchenkräuter in Ruhe, verdammt nochmal!
Senden

Nachricht... **Kater** Bearbeiten

27. November, 23:21 Uhr

Wenn ich jetzt sterben würde und es fiele niemandem auf, würdest du mich dann anfressen?

23:23 Uhr

Niemals! Für wie herzlos hältst du mich?

23:24 Uhr

:)

23:27 Uhr

Aber vielleicht würde Marty wollen.

Senden

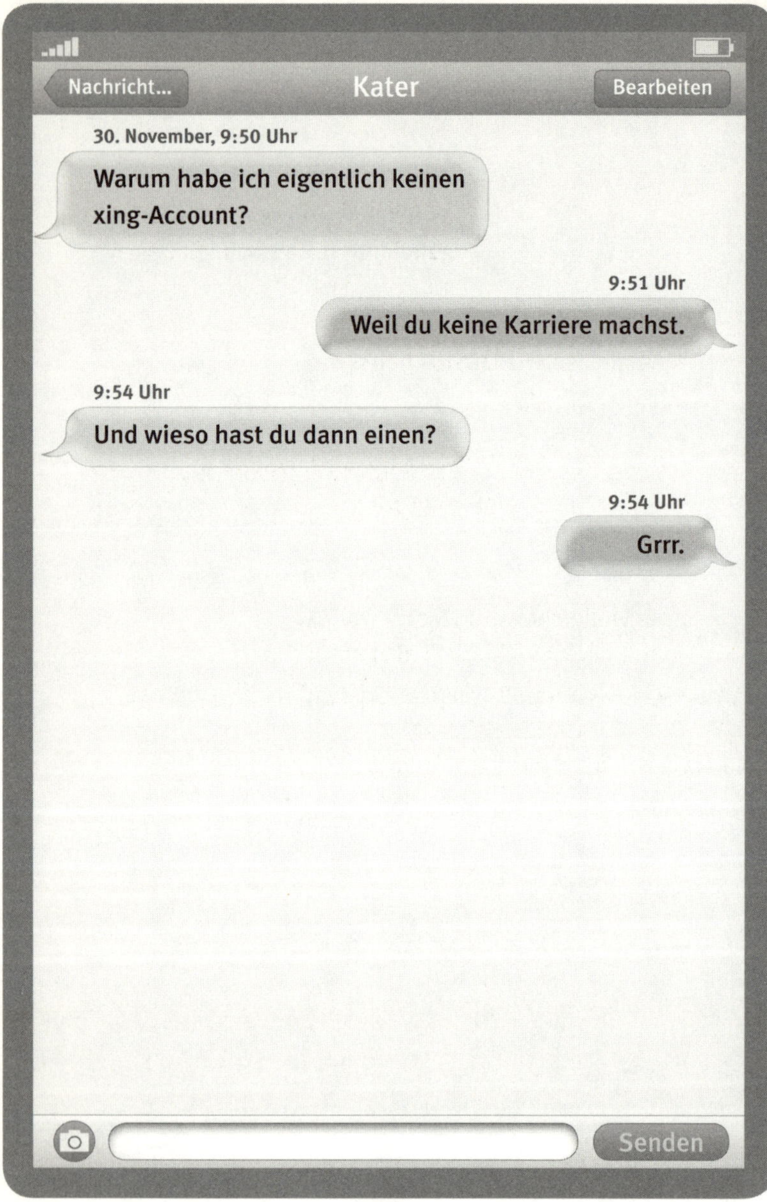
Nachricht...
Kater
Bearbeiten
30. November, 9:50 Uhr
Warum habe ich eigentlich keinen xing-Account?
9:51 Uhr
Weil du keine Karriere machst.
9:54 Uhr
Und wieso hast du dann einen?
9:54 Uhr
Grrr.
Senden

Nachricht... **Kater** Bearbeiten

3. Dezember, 9:17 Uhr

Gerade wieder in einer Wartezimmerzeitschrift gelesen, dass Katzen geheimnisvoll sein sollen. Haha.

9:19 Uhr

Was ist daran so lustig?

9:22 Uhr

Du liegst den ganzen Tag auf der Couch. Das ist natürlich wahnsinnig mysteriös, hihi.

9:23 Uhr

Tja, aber du weißt zum Beispiel nicht, was ich mit deinem Lippenstift mache, sobald du das Haus verlässt.

9:23 Uhr

o_O

Senden

Nachricht... **Kater** Bearbeiten

5. Dezember, 8:40 Uhr

Sind die ganzen Tabletten auf dem Küchentisch für dich?

8:42 Uhr

Ja. Ich werde diese Erkältung nicht los.

8:43 Uhr

Du bist ja echt ständig krank. Ich mache mir Sorgen.

8:43 Uhr

:)

8:48 Uhr

Hast du eigentlich eine Lebensversicherung?

Senden

Nachricht... **Kater** Bearbeiten

8. Dezember, 21:02 Uhr

Was ich dir schon lange sagen wollte: Du musst dich gar nicht schminken.

21:03 Uhr

Ooh! Das ist süß von dir.

21:05 Uhr

Ja, überleg mal. Du schminkst dich jetzt seit deiner Jugend und bist immer noch Single. Es scheint überhaupt nichts zu bringen.

Senden

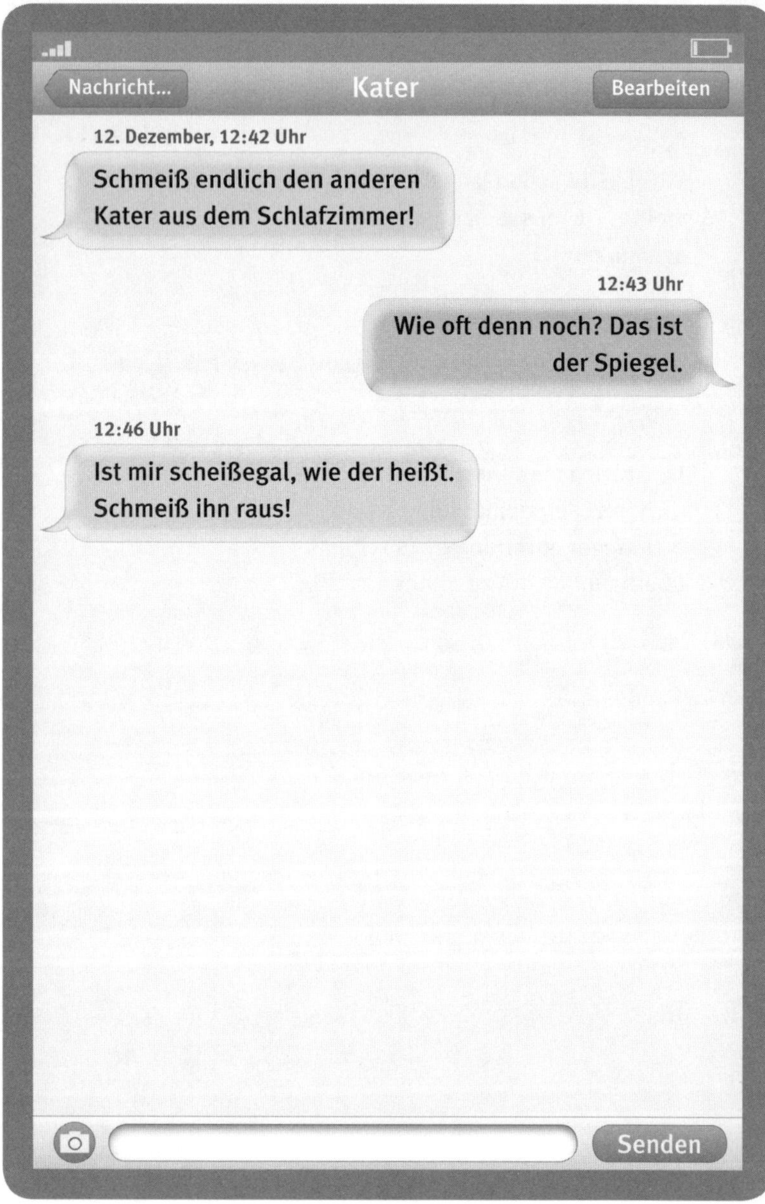
Nachricht...
Kater
Bearbeiten
12. Dezember, 12:42 Uhr
Schmeiß endlich den anderen Kater aus dem Schlafzimmer!
12:43 Uhr
Wie oft denn noch? Das ist der Spiegel.
12:46 Uhr
Ist mir scheißegal, wie der heißt. Schmeiß ihn raus!
Senden

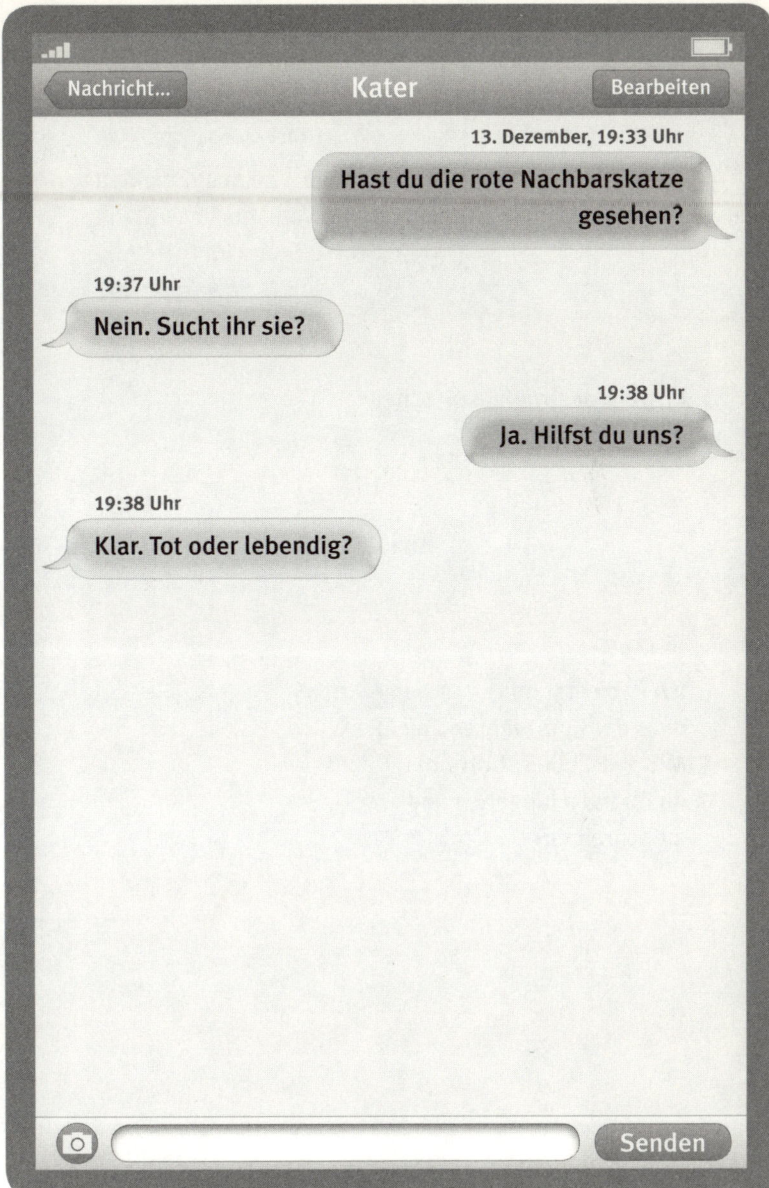
Nachricht...
Kater
Bearbeiten
13. Dezember, 19:33 Uhr
Hast du die rote Nachbarskatze gesehen?
19:37 Uhr
Nein. Sucht ihr sie?
19:38 Uhr
Ja. Hilfst du uns?
19:38 Uhr
Klar. Tot oder lebendig?
Senden

Nachricht... **Kater** Bearbeiten

14. Dezember, 20:09 Uhr

Hast du dich etwa auf meinen Namen für den Volkshochschulkurs «Vogelbeobachtung im Frühling» angemeldet?

20:10 Uhr

Ja, aber das war ein bisschen dumm von mir.

20:12 Uhr

Allerdings. Schön, dass du das einsiehst.

20:13 Uhr

Ich habe erst hinterher bemerkt, dass der Kurs während meines Mittagsschlafs stattfindet. Kannst du für mich hingehen und mitschreiben?

Senden

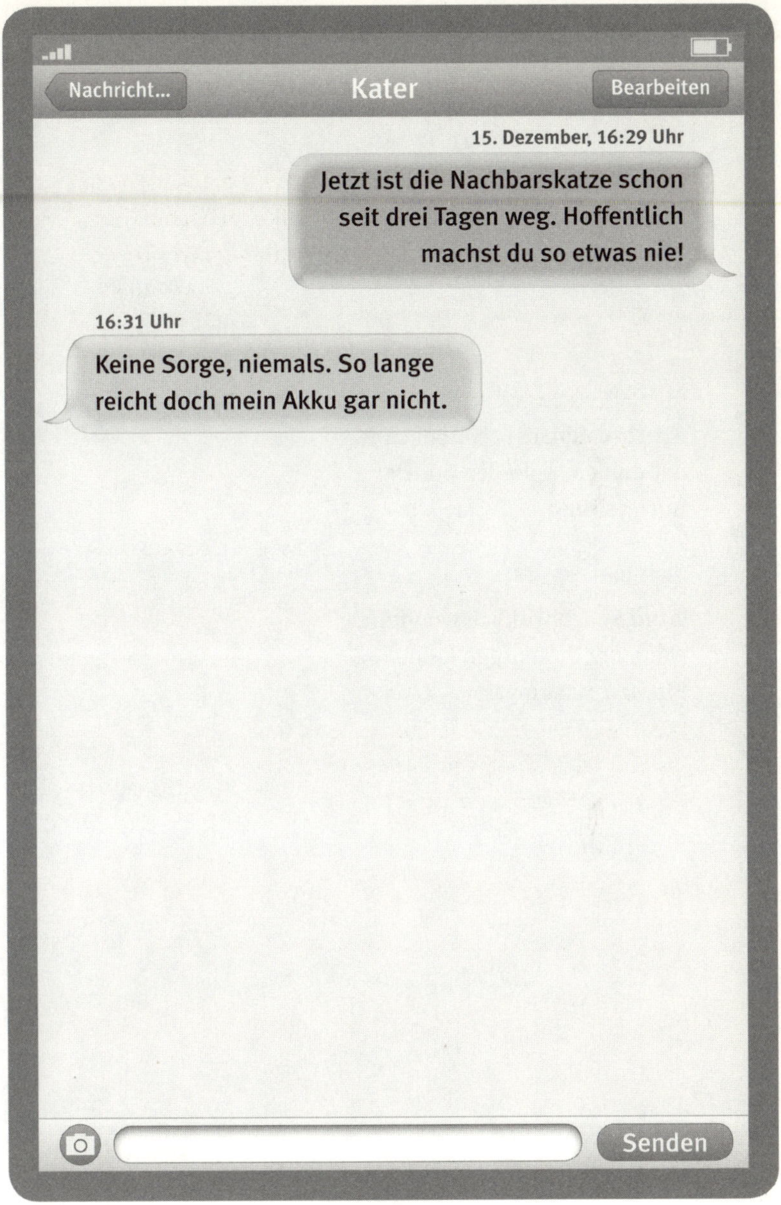
Nachricht...
Kater
Bearbeiten
15. Dezember, 16:29 Uhr
Jetzt ist die Nachbarskatze schon seit drei Tagen weg. Hoffentlich machst du so etwas nie!
16:31 Uhr
Keine Sorge, niemals. So lange reicht doch mein Akku gar nicht.
Senden

Nachricht... Kater Bearbeiten

18. Dezember, 22:51 Uhr

Hier, schnell. Nymphoman oder Nümphoman?

22:52 Uhr

Mit y. Warum?

22:52 Uhr

Ach, nix. Bin im Facebookchat mit deinem Kollegen aus der Buchhaltung.

23:07 Uhr

Würde mich wirklich wundern, wenn der dir morgen keine Blumen mitbringt.

Senden

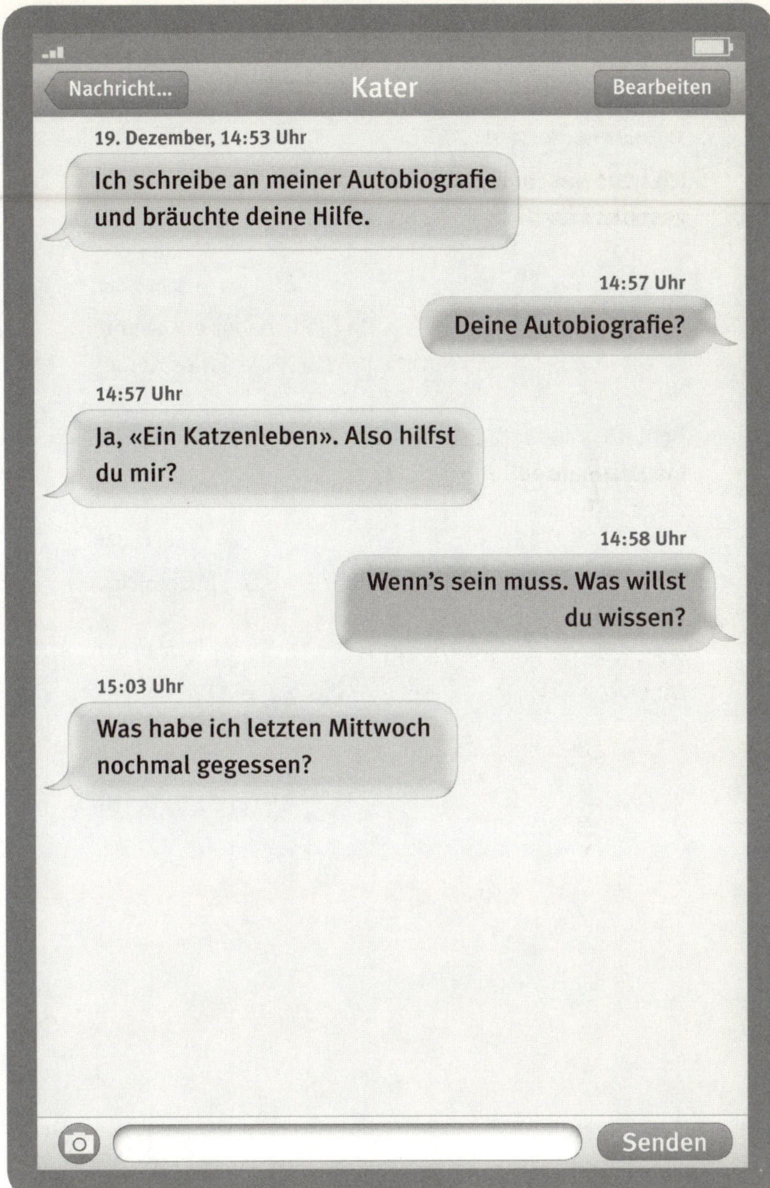
Nachricht...
Kater
Bearbeiten
19. Dezember, 14:53 Uhr
Ich schreibe an meiner Autobiografie und bräuchte deine Hilfe.
14:57 Uhr
Deine Autobiografie?
14:57 Uhr
Ja, «Ein Katzenleben». Also hilfst du mir?
14:58 Uhr
Wenn’s sein muss. Was willst du wissen?
15:03 Uhr
Was habe ich letzten Mittwoch nochmal gegessen?
Senden

Nachricht... **Kater** Bearbeiten

19. Dezember, 18:34 Uhr

Ich habe ein cooles Weihnachtsgeschenk für dich. Selbstgebastelt!

18:36 Uhr

Da bin ich aber gespannt. Was ist es denn?

18:37 Uhr

Ein Pelzmantel!!!

18:37 Uhr

Oh, bitte nicht.

18:40 Uhr

Das war ein Witz oder?

18:45 Uhr

UNTERSTEH DICH!

Senden

Nachricht... **Kater** Bearbeiten

21. Dezember, 9:44 Uhr

In deinem Horoskop steht, dass du heute deinem Traummann begegnen wirst.

9:44 Uhr

Aha.

9:45 Uhr

Jawohl. Und zwar an der Geflügeltheke.

9:45 Uhr

Jaja.

9:47 Uhr

DIE STERNE LÜGEN NICHT!

Senden

Nachricht... **Kater** Bearbeiten

22. Dezember, 23:41 Uhr

Ich freue mich schon so auf Weihnachten.

23:45 Uhr

Wieso? Du bekommst doch gar keine Geschenke.

23:46 Uhr

Nein, aber du wirst danach tagelang auf dem Sofa liegen, mir Leckerlis geben und sagen, dass ich dein allerallerliebstes Familienmitglied bin. :)

Senden

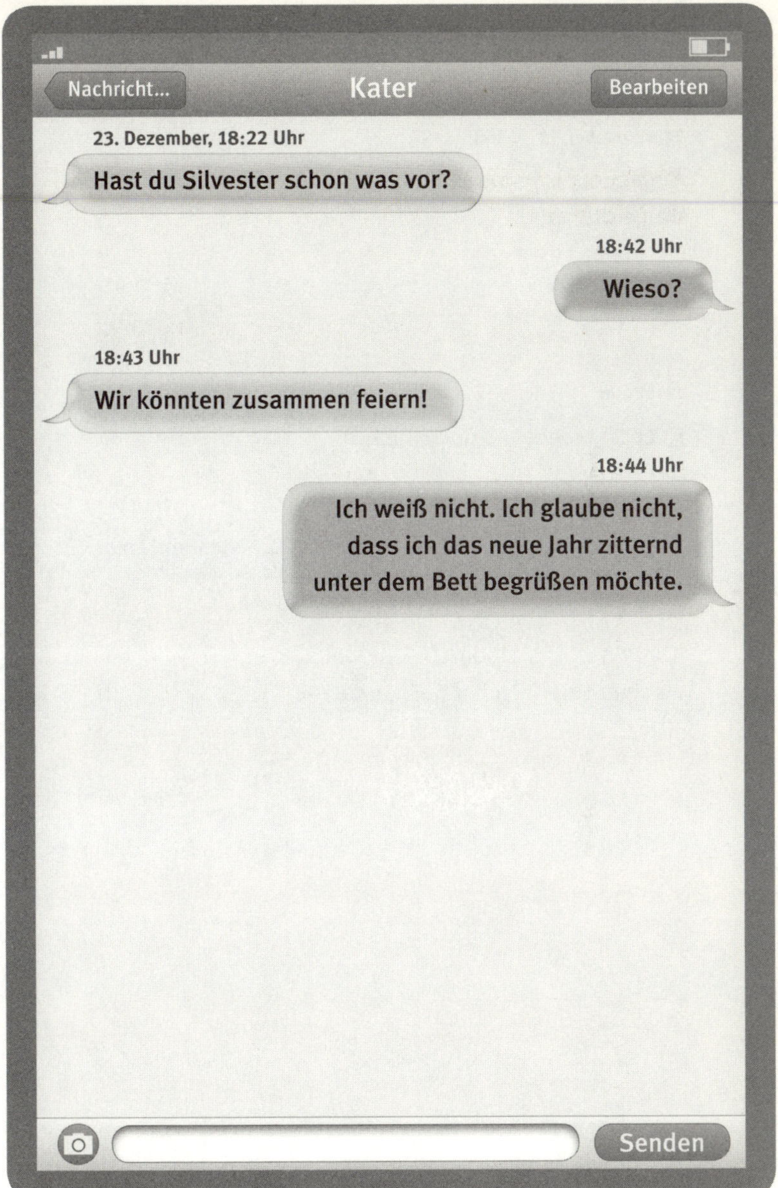
Nachricht...
Kater
Bearbeiten
23. Dezember, 18:22 Uhr
Hast du Silvester schon was vor?
18:42 Uhr
Wieso?
18:43 Uhr
Wir könnten zusammen feiern!
18:44 Uhr
Ich weiß nicht. Ich glaube nicht, dass ich das neue Jahr zitternd unter dem Bett begrüßen möchte.
Senden

Nachricht… **Kater** Bearbeiten

27. Dezember, 11:11 Uhr

Meinst du, ich sollte mir auch die Beine rasieren?

11:11 Uhr

Nein.

11:12 Uhr

Aber du machst es doch auch.

11:14 Uhr

Das ist etwas anderes.

11:15 Uhr

Aber du würgst dadurch sehr viel weniger Haarbüschel hoch, oder?

Senden

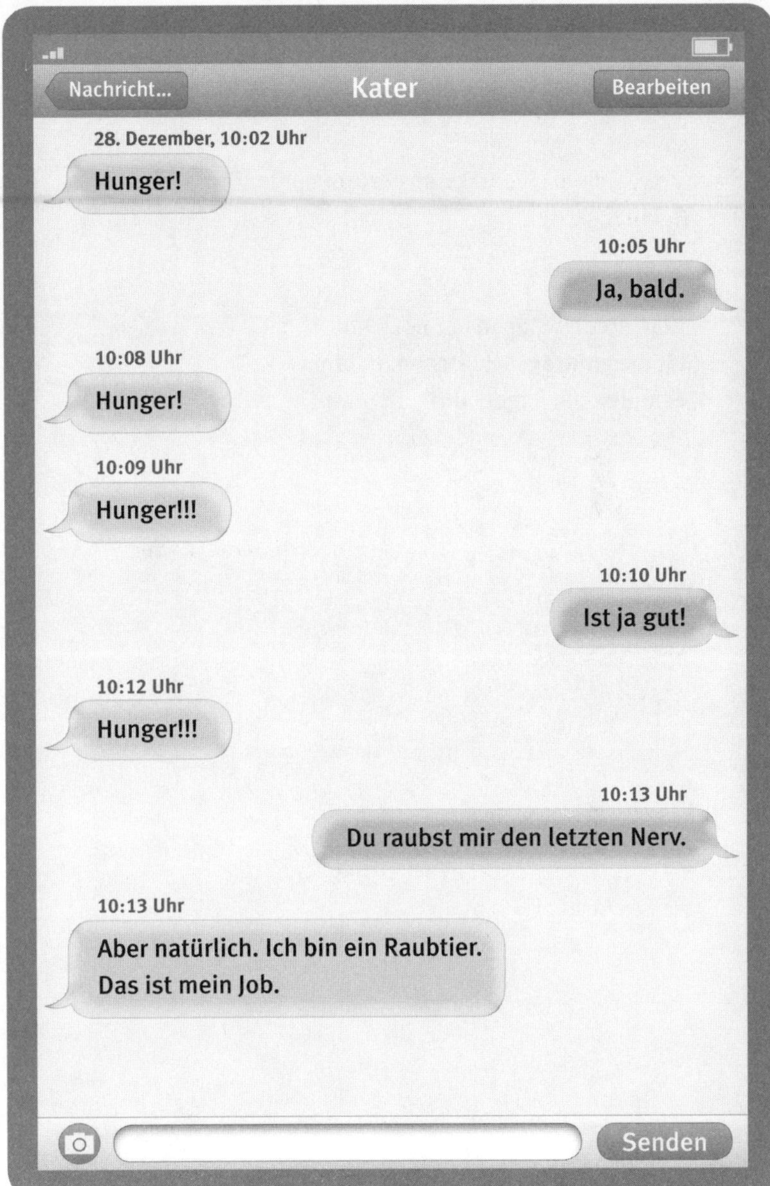
Nachricht…
Kater
Bearbeiten
28. Dezember, 10:02 Uhr
Hunger!
10:05 Uhr
Ja, bald.
10:08 Uhr
Hunger!
10:09 Uhr
Hunger!!!
10:10 Uhr
Ist ja gut!
10:12 Uhr
Hunger!!!
10:13 Uhr
Du raubst mir den letzten Nerv.
10:13 Uhr
Aber natürlich. Ich bin ein Raubtier.
Das ist mein Job.
Senden

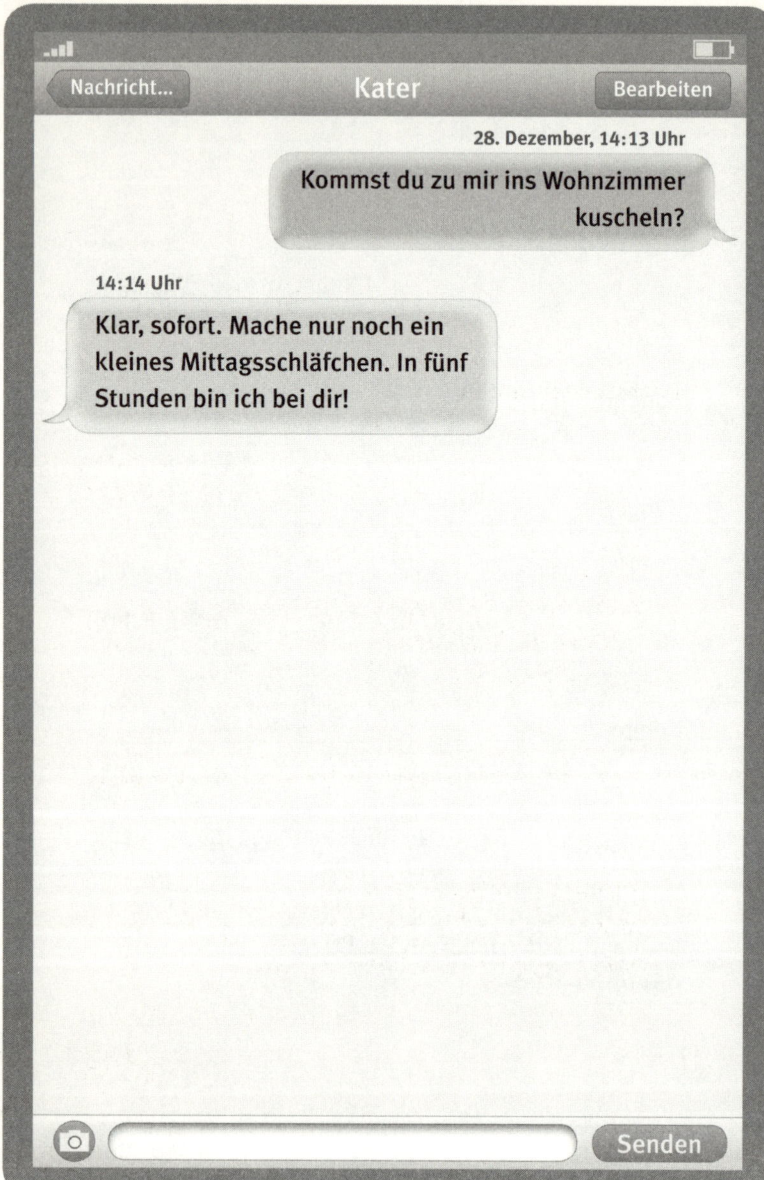
Nachricht...
Kater
Bearbeiten
28. Dezember, 14:13 Uhr
Kommst du zu mir ins Wohnzimmer kuscheln?
14:14 Uhr
Klar, sofort. Mache nur noch ein kleines Mittagsschläfchen. In fünf Stunden bin ich bei dir!
Senden

Nachricht… **Kater** Bearbeiten

30. Dezember, 12:21 Uhr

Darf ich studieren?

12:22 Uhr

Kannst du doch gar nicht.

12:22 Uhr

Doch! An der Fernuni.

12:25 Uhr

Vergiss es. Das ist nichts für Katzen.

12:26 Uhr

Ist das jetzt dein Standardargument? Das hast du auch gesagt, als ich zur Delfintherapie wollte.

12:28 Uhr

Ja, weil es nichts für Katzen ist.

12:32 Uhr

Aber wenn's darum geht, deinen Kühlschrank sauber zu lecken, sind wir wieder gut genug, ja?

12:32 Uhr

NEIN!!!

Senden

Nachricht…

Kater

Bearbeiten

30. Dezember, 21:40 Uhr

Was ist eigentlich mit Marty passiert? Lange nichts mehr von ihm gehört.

21:46 Uhr

Oh stimmt, das hatte ich total vergessen zu erwähnen. Er ist in die Bäckerei gezogen.

21:46 Uhr

Igitt.

21:48 Uhr

Ja, wollte dir die ganze Zeit schon sagen, dass du von den Rosinenbrötchen lieber die Finger lassen solltest.

Senden

Es wird lustig weitergesimst

Im dritten Band der erfolgreichen SMS-Serie werden wieder besonders lustige, merkwürdige, peinliche und schräge nächtliche Mitteilungen versammelt. Ob alkoholgeschwängerte Liebesbekundungen oder philosophische Exkurse im 160-Zeichen-Format – hier tobt sich Menschliches, Allzumenschliches auf unterhaltsame Weise aus.

rororo 63012

Sb 026/1 · Rowohlt online: www.rowohlt.de · www.facebook.com/rowohlt

MIX
Papier aus verantwortungsvollen Quellen
FSC® C083411

Das für dieses Buch verwendete FSC®-zertifizierte Papier
Classic liefert Stora Enso, Finnland.